Schöningh

ZEITEN UND MENSCHEN ZUM THEMA

Geschichte • Oberstufe

China – Der Weg vom Kaiserreich zur Moderne

Herausgegeben von: Hans-Jürgen Lendzian

Autor: Friedrich Wilhelm Bratvogel

www.schoeningh-schulbuch.de
Schöningh Verlag, Jühenplatz 1–3, 33098 Paderborn

Druck 5 4 3 2 1 / Jahr 2013 12 11 10 09
Die letzte Zahl bezeichnet das Jahr dieses Druckes.

Umschlaggestaltung: Franz-Josef Domke, Hannover
Druck und Bindung: westermann druck GmbH, Braunschweig

ISBN 978-3-14-024982-9

Arbeiten und lernen mit „Zeiten und Menschen"

Auftakt: Das Themenheft beginnt mit einer Auftaktdoppelseite. Abbildungen, die für die Thematik repräsentativ sind, führen in Verbindung mit einem kurzen begleitenden Text, der zentrale Frage- und Problemstellungen sowie die Gegenwartsbedeutung aufzeigt, in das Thema ein.

Auf einen Blick: Unmittelbar anschließend wird in übersichtlicher Form ein Überblick über Inhalte, thematische Schwerpunkte und Methodenlernen gegeben, der zugleich Orientierung im Themenheft und erste Orientierung im geschichtlichen Gesamtkontext ermöglicht.

Info: Der Darstellungstext informiert über ereignisgeschichtliche Zusammenhänge und historische Strukturen des Themas. Er entfaltet argumentativ zentrale Struktur- und Problemzusammenhänge und ermöglicht den Aufbau eines geordneten Basis- und Orientierungswissens.

Thema: Thematisch konzipierte Einheiten dienen der vertiefenden Beschäftigung mit relevanten historischen Problemstellungen in Anknüpfung an die Leitperspektiven des Themenheftes. Facettenreiche Materialien stellen die Grundlage für eigenständiges fachliches Lernen dar.
Arbeitsanregungen, die vernetzt Bezug auch auf den Darstellungstext nehmen, strukturieren und erleichtern die fachgerechte Erarbeitung und kritische Auseinandersetzung mit dem vielfältigen Materialangebot mit zielführendem Blick auf die ausgewiesenen thematischen Leitfragen der jeweiligen Einheit. So wie die ausgewählten Materialien als Angebot zu verstehen sind, das jederzeit durch eigene Recherche veränder- und erweiterbar ist, stellen auch die Arbeitsaufträge Vorschläge für einen möglichen Arbeits- und Erkenntnisweg dar.

Forum: Hier kommen vornehmlich Experten – Historikerinnen und Historiker, Publizisten – zu Wort. Die Analyse und kritische Auseinandersetzung mit unterschiedlichen Standpunkten der Wissenschaft und Publizistik schafft Voraussetzungen und Möglichkeiten, eigene historisch-politische Urteilsfähigkeit zu erproben, in Zustimmung und Abgrenzung eigene Standpunkte zu formulieren und eigene Perspektiven für gegenwärtiges und zukünftiges Handeln zu gewinnen. Arbeitsvorschläge helfen auch hier auf dem Weg der Erkenntnisgewinnung.

Methode: Methodenseiten – am Ende des Bandes (Basismethoden) sowie z. T. auch im Kontext von Thema- oder Forum-Einheiten – führen in grundlegende Methoden historischen Arbeitens ein. Sie vermitteln und trainieren das systematische, fachgerechte Umgehen mit fachbezogenen Arbeitstechniken, die an den wissenschaftlichen Standards historischen Arbeitens orientiert sind.

Zusammenfassen, Üben und Darstellen: Den Abschluss bilden Arbeitsanregungen, um erworbenes Sachwissen, gewonnene Erkenntnisse sowie Urteils- und Problemkompetenz in wiederholenden und neuen Arbeitszusammenhängen anzuwenden und erlernte methodische Fähigkeiten zu trainieren.

China – Der Weg vom Kaiserreich zur Moderne

Abi geschafft, Koffer gepackt, Shanghai! China lohnt sich! Auf nach China! Abi und los – so kommst du nach China! Mit solchen Aufmachern lockt ein bekanntes Magazin für Abiturienten junge Leute nach China, um dort zu studieren, ein Geschäft zu eröffnen, ein Praktikum zu absolvieren, das Land kennenzulernen, neue Erfahrungen zu machen.

Dabei ist China nicht nur wegen der Karriere oder der Wirtschaft interessant. Wir wissen, dass die entscheidenden Fragen des 21. Jahrhunderts in Asien verhandelt werden. Die Megacities haben eine Dynamik, die man in Europa und den USA nicht mehr antrifft. Auch die starren Blockbildungen des 20. Jahrhunderts sind längst aufgebrochen.

Umso mehr erstaunt es, dass sich viele junge Menschen noch wenig mit der jüngeren Vergangenheit Chinas befasst haben und viele Vorurteile den Zugang verstellen. Am besten kann man über die Sprache die Mentalität der Chinesen kennenlernen und das ist bei einem längeren Aufenthalt in China auch unverzichtbar. Aber auch die Einbindung in die Weltgeschichte, die Ursprünge der heutigen Bedeutung, die Kontakte zur Außenwelt sind ein geeigneter Zugang aus europäischer Sicht.

In China sind alle Superlative zu Hause: die älteste heute noch gebräuchliche Schrift, die größte Bevölkerungszahl, bald das größte Wirtschaftswachstum der Welt, Atom- und Weltraummacht, Ständiges Mitglied im Sicherheitsrat der UNO – und doch ganz anders als die westliche, amerikanisch geprägte Welt. Diese Spannung löst Faszination und Angst aus; viele Reiseführer können gar nicht mehr sachlich berichten, zu sehr nimmt das riesige Reich den Beobachter in seinen Bann.

Im Zuge der Globalisierung ist es wichtig, Denkstrukturen und Mentalitäten, eigene wie auch fremd anmutende, kennenzulernen, um Chancen für das Verständnis zu entwickeln. Dies ist nicht nur eine Frage der Kultur oder des Interesses, sondern auch eine politische Herausforderung. Hier soll daher versucht werden, Anstöße zur Erschließung außereuropäischer Kulturen zu geben.

Eine chinesische Schülerin erlernt die alten Schriftzeichen.

Junge Chinesinnen in einem Internet-Cafe

Skyline von Shanghai bei Nacht

Müllabfuhr in Shanghai

Produktion von LCD-Fernsehern in China

Chinesischer Bauer mit Wasserbüffel im Reisfeld

Peking: Blick vom „Platz des himmlischen Friedens" auf den alten Kaiserpalast (mit Mao-Bild im Zentrum)

Peking – zwischen Tradition und Moderne

Auf einen Blick

China – Der Weg vom Kaiserreich zur Moderne

Info S. 8

China – zhong guo – das Reich der Mitte

Thema S. 22

Bodenreform und Bauernbewegung in China – zwischen Ideologie und Modernisierung

Ähnlich wie in Russland spielte die Landbevölkerung wegen ihrer Masse und wirtschaftlichen Bedeutung die wichtigste Rolle im vormodernen China. Von Sun Yatsen bis Deng Xiaoping wurde die Lage auf dem Lande in unterschiedlicher Weise als Hebel für die Gesellschaftsreform genutzt. Was zeichnet den chinesischen Weg im Besonderen aus?

Thema S. 30

Frauen in China – enttäuschte Illusionen?

Wenn der Sozialismus in China zur Befreiung der Menschen von Unterdrückung beigetragen hat, muss man das am ehesten bei der gesellschaftlichen Situation der Frauen erkennen. So meinten Europäerinnen am Ende des 20. Jahrhunderts, die sich enttäuscht von der Sowjetunion abgewandt hatten. Stimmte aber diese Erwartung? Und wie geht es den Frauen in China heute?

Der Himmelstempel in Peking

Thema S. 38

Revolution im Bild – Erziehung durch Plakate

Propaganda-Plakate aus der Mao-Zeit versuchen auf anschauliche, einfache Weise, die Ziele der Partei verständlich zu machen. Die Bildsprache und ihre gesellschaftliche Funktion haben eine prägende Rolle auch für Mittelamerika und Afrika gehabt. Lässt sich so eine Bevölkerung mobilisieren?

Thema S. 42

Nixon in China – Globale Rivalen kämpfen um die öffentliche Meinung

Die Annäherung von China an die USA geschah auf beiden Seiten nicht ganz uneigennützig. Welche Interessen waren hier im Spiel? Unter welchen Bedingungen erfolgte die Rückkehr Chinas auf die weltpolitische Bühne? Das Ereignis wurde medienpolitisch intensiv verarbeitet und erlangte dadurch in der öffentlichen Wahrnehmung große Beachtung. Der Besuch des amerikanischen Präsidenten in China im Februar 1972 eignet sich deshalb als Lehrstück moderner Außenpolitik gegenüber China.

Thema S. 49

Was geschah am 4. Juni 1989 auf dem Tiananmen-Platz wirklich?

Der gigantische Wirtschaftsboom im heutigen China ruft Begeisterung und Skepsis hervor, daneben darf aber die Frage der Menschenrechte in dem liberalisierten kommunistischen Staat nicht außer Acht gelassen werden. Der Studenten-Aufstand von 1989 hat gerade in einer Zeit, als der Kalte Krieg zu Ende ging und das Sowjetsystem zerfiel, großes Aufsehen erregt. Wie ist China mit dem Ereignis umgegangen und welche Konsequenzen hat die Niederschlagung des Aufstandes vom 4. Juni 1989 bis heute?

Forum S. 54

Tibet zwischen Dalai Lama und autonomer Provinz Chinas

Resolutionen, Konferenzen, Interviews und unermüdliche Reisen des verbannten Dalai Lama beweisen die Offenheit der Frage, ob Tibet eine autonome Provinz Chinas oder ein souveräner Staat ist. Voraussetzung für eine begründete Meinung ist es also, beide Seiten zu hören: die der buddhistischen Mönche und die der chinesischen Regierung. Die Polarisierung hat bisher nur zu einer Verhärtung der Fronten, auch in der internationalen Parteinahme, geführt. Gibt es einen realistischen und vernünftigen Ausweg für die Zukunft?

Forum S. 63

Ein Zeit-Artikel des Altbundeskanzlers Schröder im Streit der Meinungen

Menschenrechte haben in China nicht denselben Stellenwert wie in Europa. Daher spalten sich die Meinungen angesichts der wirtschaftlichen Möglichkeiten, die China den Europäern bietet.
In ihren Bewertungen orientieren sich die Menschen meist an ihren Erfahrungen und Traditionen. Daher lohnt es sich, diese Gewohnheiten einmal methodisch zielsicher im Gespräch mit einem Experten zu hinterfragen. Wie wir uns Meinungen bilden und wie wir sie zu dieser speziellen Frage argumentativ besser vertreten können, soll in diesem Forum analysiert werden.

Methode S. 63

Analyse publizistischer Texte

China – zhong guo – das Reich der Mitte

Heute ist es für niemanden mehr fraglich, warum wir in Europa unser Augenmerk auf China richten sollen: Das gigantische Wirtschaftswachstum, intensive politische und ökonomische Kontakte Chinas zu Europa, die Olympiade oder die Tibet-Frage – das sind nur einige der Themen, die wir täglich in den Zeitungen lesen können. China ist uns allgegenwärtig und bleibt vielen – nicht allein wegen der Sprache – doch fremd. Dabei ist die chinesische Kultur über Jahrhunderte für viele Völker das Vorbild gewesen: wegen der Schrift, der Technik, der Religion. Die Ausstrahlung reichte von der Türkei über die Mongolei bis nach Japan und Südostasien, später auch nach Europa und in die USA.
China ist eine global handelnde Weltmacht, die nur aus der Jahrtausende alten Geschichte zu verstehen ist. Als eine Folge der Globalisierung ergibt es sich, dass wir unsere Partner in ihren eigenen Strukturen kennenlernen müssen. Zwar haben schon der Kolonialismus, später die Weltkriege, Ideologien und schließlich die internationale Zusammenarbeit die Entwicklung Chinas zunehmend beeinflusst, dennoch hat China immer seine eigenen Wege in die Moderne gesucht.
Der folgende Informationstext stellt Entwicklungen dar, die über die insgesamt kurze Phase der kommunistischen Herrschaft hinaus die politischen und gesellschaftlichen Erfahrungen der Chinesen deutlich machen, aus denen auch das künftige Handeln Chinas bestimmt sein wird.

1. Begegnung mit Europa

Die Grundlagen des Kaiserreiches

China im Mittelalter

Zhong guo, Reich der Mitte, nannte sich China seit der Zeit der Han-Dynastie (206 v. – 220 n. Chr.). Nirgends auf der Welt waren sonst eine vergleichbare Menge Menschen, eine rationale Herrschaftsorganisation und ein ähnlich hohes Niveau in Wissenschaft und Kultur zu finden. Die Seidenweberei betreibt man hier seit 3000 Jahren, Baumwolle wird seit dem 13. Jahrhundert n. Chr. verarbeitet; Chinesen bauten im 15. Jahrhundert Kriegsschiffe von 150 Metern Länge mit neun Masten; sie hatten das Schießpulver erfunden, verstanden sich auf Seiden-, Porzellan- und Papierproduktion; Buchdruck, Kompass, Seekarten, Hängebrücken, Bewässerungskanäle – lang ist die Liste der Erfindungen. Leicht hätte China den größten Teil der Welt beherrschen können. Warum ist das nicht geschehen? Und wie ist es möglich, dass China heute die Weltmacht geworden ist, die sich am schnellsten entwickelt?
Die frühe Blüte der Kultur Chinas zeigt sich vor allem in der Philosophie des Konfuzius (Kungtse, 551 – 479 v. Chr.), der seinem Denken den kritischen Gebrauch der Vernunft zugrunde gelegt hatte.

Konfuzius

Epochen der politischen Geschichte im Überblick

Altertum

2698 v. Chr.: Der „Gelbe Kaiser" (Huang Di) gründet sein Reich; dieses Ereignis gilt allgemein als der Beginn der chinesischen Geschichte.

1600–900 v. Chr.: Ein König führt als Priester- und Kriegsfürst den Adel an.

900–770 v. Chr.: Adelsstaaten rivalisieren und verbünden sich, Herrschaftssippen entstehen.

770–221 v. Chr.: Die östliche Zhou-Dynastie, die Zeit der „Streitenden Reiche". Ein monarchischer Zentralstaat entsteht gegen den Adel, direkt gegründet auf solidarische Bauern; hohe kulturelle Blüte.

Die kriegerischen Reiche

220 v.–220 n. Chr.: Erstmals Zentralisierung über alle Herrschaften; Quin-Dynastie (Ying Zheng nennt sich nicht mehr König, sondern erster Kaiser von China).

206 v.–220 n. Chr.: Han-Dynastie – 7 Mio. Menschen; Kolonisierung Südchinas; Standardisierung von Schrift, Maßen und Gewichten.

190–310: Unabhängige Stammesfürsten bekämpfen sich, teilen China auf in Nordchina, unteres Yangtze-Gebiet und Sechuan.

310–590: In Nordchina vereinen sich Chinesen und nichtchinesische Nomaden und in Tibet Bergvölker; im Yangtze-Gebiet siegen Großgrundbesitzerfamilien mit leibeigenen Bauern über die Aristokratie.

590–755: Kampf zwischen Aristokratie und Beamten (Landverwalter); Erntesteuersystem statt Grundherrschaft (Ansprüche an Ackerland statt Arbeitskraft).

755–960: Aristokratie und Beamte unterliegen neuen Stammesfürsten mit Söldnertruppen; Orientierung nach Zentralasien (Nassreis, Pflanzenzucht, Buchdruck, Papiergeld, Hochseedschunken).

Reiche der Mandarine (von der Song- zur Ming-Dynastie)

960–1271: Wiedervereinigung der chinesischen Reiche; mehr Verwaltung/Beamte, wirtschaftliche Erfolge, neue Aristokratie (Landbesitz, Grundrente, Bildung), Überseehandel.

1271–1368: Mongolen beherrschen von Nordchina aus zunehmend ganz China (Yuan-Dynastie: Dschingis Khan, 1162–1227); 1368 werden sie vertrieben.

1368–1644: Zentralregierung (Ming-Dynastie) stützt sich auf Beamte, die von der Geheimpolizei kontrolliert werden; 100 Mio. Menschen; Bergbau, Seidenindustrie, Handwerk blühen auf; die starre politische Struktur sowie starke wirtschaftliche und soziale Dynamik führen zu Aufständen der Bauern („Gleicher Bodenbesitz und keine Steuern").

China der Neuzeit (Mandschurische Qing-Dynastie, 1644–1911)

1644–1800: Von China beherrschte Völker des Nordostens (Mandschurei) übernehmen ab 1662 die Herrschaft in ganz China (Qing-Dynastie), stützen sich auf die alten Mittelinstanzen, sichern Ruhe und Wohlstand (Bemessung der Kopfsteuer nach Grundbesitz); 1764 gibt es erstmals über 200 Mio. Menschen in China.

1800–1911: Finanzkrise, Korruption, Rezession, 1850–1870 soziale Krise; Interventionen aus dem Westen; 1840 erster Opiumkrieg; 1857 zweiter Opiumkrieg, dann auch Interventionen aus Japan, Verlust der nationalen Souveränität; der letzte Kaiser Chinas Aisin-Gioro Pu Yi wird 1911 vertrieben.

Das moderne China

1919–1949: Neue politische Strömungen: Geschäftsbourgeoisie (Südosten), einflussreiche Militärmachthaber mit ausländischer Unterstützung; 1919 Gründung der Republik (Neudemokratische Revolution).

1949–1976: Bauernmilizen gründen 1949 die Volksrepublik China nach sowjetischem Vorbild, aber eigenständig; 1958/59 „Großer Sprung nach vorn"; 1960/61 Naturkatastrophe; Bruch mit der Sowjetunion; Kulturrevolution.

1976–2007: Mao Zedong, Deng Xiaoping, Jiang Zemin, Hu Jintao: Der Sozialismus bleibt, wird aber weltwirtschaftlich reformiert; das politische System wird der veränderten Weltlage (Globalisierung, Kampf gegen den Terror, Umweltschutz) angepasst (17. Parteitag, Oktober 2007).

Staatsform

Auf diesem Fundament baute sich in China ein Beamtenstaat auf, der die Besten des Landes nach langen Prüfungen und intensivem Lernen in die einflussreichen Positionen brachte. Diese Staatsbeamten berieten den König (später Kaiser) von China und seinen Hof. China war eine Landmacht, deren Feinde vor allem aus den Steppen des Nordens kamen. Daher wurde eine lange Mauer (3. Jahrhundert v. Chr.) zum Schutz gegen die Mongolen errichtet und damit deren Stoßrichtung weg vom Süden nach Europa hin abgelenkt. Hinter diesem Schutzwall konnte sich in den verschiedenen Regionen und Klimaten des riesigen Reiches eine vielschichtige Bauern- und Handelskultur entwickeln, zu der die Schiffbarmachung der großen Flüsse wesentlich beitrug. Durch eine erfolgreiche Verwaltungsorganisation, eine gut funktionierende Geheimpolizei sowie durch den Bau von Straßen, Poststationen, Kanälen und Talsperren konnte das Land zusammengehalten werden. Nur hier in Ostasien gab es die strikte Trennung in Ackerbauern und Viehzüchter, bedingt durch die klimatischen Unterschiede. Im Norden und Nordwesten wurden Großviehherden gehalten, im Zentrum und Südosten Nassreis angebaut.

Die Chinesische Mauer

Blick auf die chinesische Mauer

Land, Bevölkerung

Um 1800 hatte China eine Ausdehnung von 12,5 Mio. Quadratkilometern und eine Bevölkerung von 330 Mio. Menschen. 80 Prozent davon lebten auf dem Land; über 90 Prozent gehörten der Han-Nationalität an, aber es gab noch 56 weitere Nationalitäten im Land. Die Sprache gliederte sich in acht Hauptdialekte von erheblichem Unterschied, neben denen es Tausende kleinerer sprachlicher Abweichungen gab. Das Bindeglied war daher die Schrift, die schon vor 2000 Jahren zu einer symbolischen Einheitsschrift zusammengefasst und seither mehrfach vereinfacht wurde. Außerhalb dieses Reiches lebten die Nachbarn auf einer niedrigeren Kulturstufe, sodass man ihnen bestenfalls Waren als Geschenk anbieten konnte, aber viel Nutzen hatte man von ihnen nicht. Sie galten als Tributbürger (Westen) oder Piraten (Japaner). Die notwendige Dynamik im Inneren sicherte das Auslesesystem des Konfuzianismus, ansonsten bestand wenig Neigung zur Expansion; China war bereits riesig und überlegen. Im Land konnte sich die wirtschaftliche Entwicklung ungestört von Aufständen und Kriegen und ohne ideologische Beschränkungen ausbreiten.

Schrift

Außenbeziehungen

Missionare und Händler

Zwiespältig war auch der Kontakt zum Westen. Nachdem überhaupt erst im Jahre 1275 der Italiener Marco Polo erste eigene Reiseerfahrungen aus China nach Europa bringen konnte, waren es im 16. Jahrhundert die Portugiesen, die den Seeweg nach China entdeckten. In der Nachfolge setzten sich jesuitische und andere Missionare aus Europa in China fest, um die Menschen, die man nun wirklich nicht als unkultiviert bezeichnen konnte, die aber nichts vom Christentum wissen wollten, zu bekehren. Die Missionare gewannen über das Interesse an Naturwissenschaft und Technik das Vertrauen der Chinesen. Der Kölner Missionar Adam Schall von Bell (1630–1666) brachte es sogar bis zum kaiserlichen Hofastronomen, weil er die Sonnen- und Mondfinsternisse exakt vorhersagen konnte. Die Versuche, China nicht als das Zentrum der Welt anzuerkennen und es letztlich zu missionieren, wurden von den Hofbeamten jedoch durchschaut und immer wieder bekämpft. Gern nahmen die Chinesen die Übersetzungen europäischer Werke zu Mathematik und

China und Europa im 16. Jh.

Technik an und ließen sich den Kenntnisstand der Europäer vermitteln, der sie allerdings keineswegs beunruhigte. Von der christlichen Religion aber wollten sie nichts wissen.
Die Ming-Dynastie (1368–1644), die ein buddhistischer Mönch indischer Prägung begründet hatte, brachte der mongolischen Fremdherrschaft ein gewaltsames Ende. Danach wurde die Aufgeschlossenheit gegenüber dem Westen aufgegeben und in eine Phase der Abschottung übergeleitet. Für einen Konfuzianer waren Menschen, die ihre Heimat verließen und sich in den Dienst anderer Herrscher begaben, minderwertig.
Westliche Kaufleute und Diplomaten wurden nicht als gleichwertig anerkannt. Vor allem der Individualismus, der die Familie und die Ahnen als entscheidende Quelle menschlichen Daseins leugnete, erschien den Konfuzianern als überaus barbarisch. Durch die Überlegenheit und Selbstsicherheit der Chinesen fühlten sich die Europäer, die ihrerseits den Vorrang in der Welt beanspruchten, zunehmend provoziert. Herder sah in China ein schwerfälliges Reich ohne Dynamik, Lichtenberg kritisierte die Machtfülle der Mandarine (hohe Beamte). Das aufgeklärte Europa setzte seit der Französischen Revolution abwertende Meinungen über China in die Welt.

Reaktionen in Europa

Der Opiumkrieg

So schlug die Bewunderung, die noch im 18. Jahrhundert an den europäischen Fürstenhäusern zu einer gewaltigen Modewelle an Chinoiserien geführt hatte, in Dämonisierungen von der „Gelben Gefahr" um, die es zu bekämpfen galt. 1839 griff eine englische Flotte China an, um die Öffnung für Handelskontore der Briten zu erzwingen. Von Bengalen und Afghanistan aus förderten Briten und Amerikaner den Opiumschmuggel nach China, um die Gesundheit und Stärke der Chinesen zu untergraben. Der Genuss von Opium war in China zwar verboten, aber als Gegenleistung für den Tee-Export wurde das Genussmittel geduldet. Das Heer und die Wirtschaft gerieten durch das Opiumgeschäft jedoch in eine schwere Krise, zumal sich einzelne Beamte am Hof auch noch gewaltiger Korruption schuldig gemacht hatten.

Opiumschmuggel

Als der Kaiser den Opiumhandel verbieten wollte, eskalierten die Auseinandersetzungen mit dem Westen zum Krieg. Die Franzosen und Briten zwangen die nun unterlegenen Chinesen 1842 im Frieden von Nanjing, dem ersten der „Ungleichen Verträge" zuzustimmen, nämlich in fünf Küstenstädten britische Siedlungen zuzulassen, Hongkong abzutreten, hohe Reparationen zu zahlen, Zölle zu senken und das Handelsmonopol aufzugeben. Das ganze 19. Jahrhundert hindurch war nun der Opiumhandel in China frei und trug ganz erheblich zur Verelendung der Bevölkerung bei.

Ungleiche Verträge

Die Überfremdung des Handels durch die europäischen Mächte setzte sich rapide fort; vor allem Shanghai wurde eine nahezu westliche Großstadt in China. Engländer und Franzosen errichteten nebeneinander ihre Kontore und Stadtviertel. Die Chinesen bezeichnen das 19. Jahrhundert daher als das „Jahrhundert der Schande".

„Jahrhundert der Schande"

Innere Unruhen

Volksaufstände

Seit den 1850er-Jahren erschütterten heftige Aufstände (nei luan) einzelner Volksstämme das Land, die sich gegen die Mandschu-Dynastie und die um sich greifende Europäisierung (wai huan) zur Wehr setzten. Allein die Taiping-Revolte (1850–1864) im Jangtse-Tal kostete etwa zwanzig Millionen Menschen das Leben. Einem wahnsinnigen Führer folgten Millionen verarmter Kleinbauern, die sich gegen die Qing-Dynastie und ihren Konfuzianismus auflehnten. Die Revolte entsprach jedoch nicht den westlichen Interessen, sodass Briten, Franzosen und Amerikaner zusammen mit dem ländlichen Adel die Unruhen blutig niederschlugen.

Zweiter Opiumkrieg, Kolonialismus

Der zweite Opiumkrieg (1856–1860) wurde von den Kolonialmächten noch heftiger geführt und brachte Peking unter ihren Einfluss. Einige der symbolträchtigen Paläste wurden niedergebrannt. Den Niedergang des Kaisertums machten sich auch Russland und Japan zunutze: Die einen eroberten 1860 die Mandschurei, die anderen 1879 Taiwan und andere Inseln. Im Frieden von Shimonoseki (1895) verlor China seinen Einfluss in Korea; Japan machte es zu seinem Protektorat. In den folgenden Jahren erweiterten die Sieger ihren Machtbereich, auch Deutschland versuchte 1890, auf der Shandong-Halbinsel Fuß zu fassen. Frankreich und England beanspruchten Eisenbahnkonzessionen, um das Landesinnere zu erschließen und weitere Handelsanteile zu erobern.

Der Boxeraufstand

„Boxer“

„Hunnenrede“

Nach diesen Ereignissen war die Bevölkerung wegen der Schwäche ihres Kaiserhauses und des immer aggressiveren Kolonialismus zutiefst enttäuscht. Als die Kolonialmächte nun auch noch eine forcierte Christianisierungspolitik begannen, um in den Provinzen die lokalen Autoritäten für sich zu gewinnen, breitete sich von Nordchina aus eine Bewegung der „in Rechtschaffenheit vereinten Boxer“ aus, um die Überfremdung zu beenden. Diese „Boxer“ waren Kampfsportgruppen aus den Dörfern, Landarbeiter und Kleinbauern, die ihr Land befreien wollten. Die Kolonialmächte etablierten 1900 jedoch eine multinationale Armee unter der Leitung des preußischen Generals Graf Alfred von Waldersee (1832–1904), der sich selbst gern „Weltmarschall“ nannte. Er schlug die Aufstände blutig nieder und ließ die Anführer hinrichten. Der deutsche Kaiser Wilhelm II. hatte in seiner berühmten „Hunnenrede“ die Truppen in Marsch gesetzt mit den Worten: „Wie vor tausend Jahren die Hunnen unter ihrem König Etzel sich einen Namen gemacht, der sie noch jetzt in Überlieferung und Märchen gewaltig erscheinen lässt, so möge der Name Deutscher in China auf tausend Jahre durch euch in einer Weise bestätigt werden, dass niemals wieder ein Chinese es wagt, einen Deutschen auch nur scheel anzusehen!“ Diesen Ausspruch ließ Reichskanzler von Bülow zwar nur in entschärfter Form in die Presse gelangen, dennoch erschreckte der nationalistische Tenor die Öffentlichkeit.

Postkarte aus dem Kaiserreich

„Politik der Offenen Tür“

Die Europäer hielten nach ihrem Sieg die schwache chinesische Regierung am Leben. Nach dem vor allem auch von den Vereinigten Staaten von Amerika verfolgten „Prinzip der Offenen Tür“ sollte allen beteiligten Mächten eine Einflusssphäre zukommen, da sich keine Nation allein durchsetzen konnte. Eine schwache Regierung und die Erhaltung der Einheit des Reiches lagen durchaus im Interesse der Europäer. Die hohen finanziellen Belastungen, die den Chinesen von den Kolonialmächten auferlegt wurden, ruinierten die Verwaltung vollends und leiteten das Ende der Dynastie ein. Der Sieg Japans über Russland im russisch-japanischen Krieg 1905 war dann der Auslöser für die Bevölkerung Chinas, um im Kampf gegen die erfolglose Regierung und gegen die Europäer neue Kräfte zu mobilisieren.

Russisch-japanischer Krieg

2. Chinas Weg in die Moderne

Republik oder Revolution?

Sun Yatsen

Die Moderne beginnt in China nicht durch Konfrontation oder Abschottung, sondern durch die Integration westlicher Denkweisen in die chinesische Tradition. Ein Beispiel dafür ist der Arzt Dr. Sun Yatsen (1866–1925), der in Shanghai geboren wurde. Er hatte auf Hawaii studiert, sich in den USA und Japan weitergebildet und nach 1905 in Tokyo an der Organisation einer studentischen Oppositionsgruppe von Chinesen gegen die Mandschu-Regierung in Peking mitgewirkt. Die Ziele dieser Gruppe waren die Wiedererlangung der nationalen Identität Chinas, die Abschaffung des Kaisertums zugunsten einer Republik und ein sozial ausgewogener Kapitalismus. Diese Gruppe war nicht sofort erfolgreich. 1911 hatte jedoch ein riesiger Betrugsskandal in einer chinesischen Eisenbahngesellschaft in Kanton eine Meuterei des Militärs zur Folge gehabt. Soldaten schlossen sich daraufhin den Aufständischen an und erreichten sehr rasch den Sturz der Dynastie (12. Februar 1912). Bei dieser Ausweitung der Revolte verlor Sun Yatsen seinen Einfluss auf die Entwicklung. Das Parlament wurde nicht nach seinem Willen in Nanjing errichtet, sondern in Regierungsnähe in Peking.

Militärrevolte 1911

Kuo-min-tang

Die mehrheitliche Volkspartei (Kuo-min-tang) verlor dabei ihre Vormachtstellung. Nun rissen auch die Militärgouverneure in den Provinzen die Macht an sich, das Reich drohte zu zerfallen.

In der Zeit von 1916 bis 1928 versank China in Chaos und Anarchie. Auch die ausländischen Siedlungen wurden weitgehend aufgegeben, nicht zuletzt infolge des Ersten Weltkriegs.

Sun Yatsen (vorn Mitte), Präsident der chinesischen Republik, inmitten des Revolutionskomitees (1912)

Die Gründung der Kommunistischen Partei

Nach dem Vorbild Lenins bildeten sich in dieser Situation seit 1920 in den großen Städten kommunistische Zellen, die von Auslandsbeauftragten der Komintern beraten wurden. 1921 wurde offiziell in Shanghai die KP Chinas gegründet, an der auch Mao Zedong (1893–1976), Zhou Enlai (1898–1976) und Deng Xiaoping (1904–1997) beteiligt waren. Mithilfe Sun Yatsens wurde dagegen 1923 die Kuo-min-tang von Kanton aus im leninistischen Sinn zentralisiert. Chiang Kaishek (1885–1975), der an der Kriegsakademie in Tokyo ausgebildet worden war, organisierte das Militär um, damit es als Machtinstrument in die Hand der KP gelangte. Leistung, Treue zur Partei und Gehorsam gegenüber der Führung galten als höchste Werte. So konnten die Militärgouverneure der Provinzen besiegt werden.

Gründung der KP Chinas

Chiang Kaishek

Die Kuo-min-tang Sun Yatsens und die KP um Mao Zedong waren zwei konkurrierende Parteien mit ähnlichem Profil. Demokratie wurde im konfuzianischen Sinn, damit eben auch anders als in Europa, als Herrschaft der Partei *für* das Volk *über* Staat und Gesellschaft verstanden. Der Weg zur Alleinherrschaft der KP sollte in kleinen Schritten erfolgen: Ordnung schaffen, das Volk belehren, eine verfassungsmäßige Regierung etablieren. Beide Parteien beanspruchten die kommunistische Lehre für sich; allerdings stützte sich die KP mehr auf die Industriearbeiter und Bauern, die Kuo-min-tang auf die ländliche Oberschicht, die Händler und Offiziere.

Durch den Tod Sun Yatsens 1925 verlor die Kuo-min-tang an Einfluss. Chiang Kaishek gelang es, in blutigen Kämpfen die Führung der Kuo-min-tang zu erobern, die anderen Revolutionsarmeen zu schlagen und China 1928 wiederzuvereinigen. Mit ihm hatte der eher bürgerliche Flügel der Partei, unterstützt von den Westmächten, aber auch durch die Unterwelt von Shanghai, über die Kommunisten gesiegt. Chiang Kaishek vertraute im Gegensatz zu Sun Yatsen auf die fortdauernde Wirkung der konfuzianischen Ethik; das bedeutete hier die Nationalisierung des Eigentums, Volksdemokratie und an der Spitze ein starker Diktator.

Die KP ging daraufhin in den Untergrund. Einige Rotarmisten lieferten sich lange Kämpfe mit der Regierung, in deren Verlauf zwischen 1927 und 1937 etwa eine Million KP-Mitglieder ums Leben kamen. Mao Zedong, der Bauernsohn und Lehrer aus der Provinz Hunan, setzte abweichend von der sowjetischen Doktrin auf die Bauern als tragende Säule der Revolution. Nach einem missglückten Aufstand 1927 in der Provinz Hunan zog er in einem legendären Marsch mit fünfhundert Getreuen in die Jinggang-Berge, wohin sich bald auch weitere Aufständische flüchteten. Als politischer Kommissar schuf er das Programm der Roten Armee.

Mao Zedong

Maos „Langer Marsch“

Zusammen mit der lokalen Bevölkerung entwickelte er so eine Guerilla-Taktik, der die Truppen Chiang Kaisheks unterlegen waren. Das Vertrauen in der Landbevölkerung war für Mao ein wichtiges Kapital. Als Chiang Kaishek 1933, beraten von deutschen Militärs, Maos Truppen bei Ruijin einkesselte, unternahm Mao mit vielen Getreuen einen gewaltigen Kraftakt, um den Verfolgungen zu entkommen. Durch den sog. „Langen Marsch“, der die Kommunisten auf einem 1 000 Kilometer langen Fuß-

Mao-Denkmal

marsch durch schwieriges Gelände bis nach Yan'an in die Provinz Shaanxi führte, entstand der Mythos Maos und der Revolution: Wie die Israeliten in Ägypten zueinander fanden, so sagte Mao, bildeten sich hier die Führungsgarde der KP Chinas, die bäuerliche Basis der Revolution und der Heldenruhm der Veteranen heraus.

China im Pazifischen Krieg

China und der Zweite Weltkrieg

Chiang Kaishek wollte zuerst die Kommunisten, dann die äußeren Feinde bekämpfen. Während die inneren Kämpfe immer mehr Opfer unter der eigenen Bevölkerung forderten, wenige einflussreiche Gruppen die Macht an sich rissen und rücksichtslos ausnutzten, verschärfte sich die Lage einerseits durch die Verschuldung des Landes, andererseits durch die äußere Bedrohung durch Japan, das den Norden Chinas und die Mandschurei erobern wollte. 1937 griff Japan die Regierung Chiang Kaisheks in Nanjing an, eroberte Kanton und richtete ein furchtbares Massaker unter der Zivilbevölkerung an. Da Chiang Kaishek Kommunisten und Japaner bekämpfte, die Kommunisten Chiang Kaishek und die Japaner, die Japaner wiederum China und die Westmächte, wurde der Krieg sehr unübersichtlich und verlustreich. Erst mit dem Angriff auf Pearl Harbour 1941 konzentrierten sich die Amerikaner auf den Kampf gegen Japan. Die Chinesen setzten sich mit ihren internen Rivalitäten auseinander.

Nanjing-Massaker

Mao Zedong distanzierte sich von Moskau, da sein Weg nicht zu Stalins Verständnis von der kommunistischen Führungsmacht passte, und betrieb die Revolution weiterhin gegen die Doktrin Lenins allein auf der Grundlage des ländlichen Proletariats. Gewaltsam und entschlossen bekämpfte er jeden Widerstand gegen sein Programm. Stimmungen gegen Japan und den Westen wurden bewusst instrumentalisiert. In langen Kämpfen 1945–1949 wurde Chiang Kaishek schließlich geschlagen und setzte sich im Januar 1949 nach Taiwan ab. Für die Chinesen bedeutete das erst einmal Erleichterung über das Ende der langen Kriegsjahre und des unerträglichen Elends.

Der „Große Sprung nach vorn"

China im Weltkommunismus

Durch Mao Zedong wurde China eine sog. Volksrepublik. Er meinte damit weniger die Diktatur des Proletariats, sondern das nach Jahrzehnten von ausländischem Einfluss befreite und wiedervereinigte China. Nicht die Herrschaft einer Klasse, sondern des ganzen Volkes – mit Ausnahme der herrschenden Sippen der Kaiserzeit – sollte nach dem Willen Maos das moderne China prägen. Er sah sein Konzept als Vorbild für alle anderen unterdrückten Völker. Die kommunistische Partei war dabei die Führungskraft, so verstand er die Demokratie. Der Motor der Gesellschaft sollten aber die revolutionären Massen sein. Maos Verwurzelung im Bauerntum Chinas bedeutete die Erstarkung kollektiver Strukturen mit einer aus der konfuzianischen Lehre entwickelten Hierarchie von Partei, Regierung und Militär als den Säulen der Herrschaft. Vom Vorsitzenden aus wurde über die Partei Maos Wille in die Regierung und von da in das Volk getragen, das diese Ideen unterstützen sollte. Menschenrechte galten anders als in der Charta der Vereinten Nationen als soziale Volksrechte auf Wohlstand und Frieden, nicht als Individualrechte im europäischen Sinn.

Der Maoimus

Konsequent entmachtete Mao Zedong die reichen Großgrundbesitzer (Landlords) und führte nach 1950 eine genossenschaftlich strukturierte Bodenreform durch, um die Versorgung der Bevölkerung sicherzustellen. Das kostete wieder einer Million Grundbesitzer das Leben, da sie in sog. Kampfversammlungen der Ausbeutung angeklagt, gedemütigt und hingerichtet wurden.

Bodenreform

Korea-Krieg

Die Militarisierung der Bodenreform war auch bedingt durch den Korea-Krieg (1950–1953). China drängte an der Seite Nordkoreas die USA bis zum 38. Breitengrad zurück und errang damit einen ersten außenpolitischen Erfolg durch seine Rote Armee, der propagandistisch ausgenutzt wurde. Damit richtete sich der Angriff zugleich gegen die Unterstützung der USA für Taiwan, gegen christliche Missionsstationen in China und gegen die Konterrevolutionäre. Hunderttausende verloren in den Jahren bis 1957 so ihr Leben. Auch in den

Städten dienten kapitalistische Strukturen, Korruption und Verschwendung als Vorwand für Massenhinrichtungen. Während China daher Außenpolitik mit der Durchsetzung der Revolution im Inneren verband, hielten sich die USA in der Ära Truman ganz aus jeder Intervention in China zurück und verteidigten nur die westlichen

Taiwan

Interessen in Korea und Taiwan. Sie hatten mit dem General der alliierten Besatzung in Japan, Douglas McArthur, einen Verteidigungsgürtel von Japan über Okinawa bis zu den Philippinen aufgebaut, der weder Korea noch Taiwan einschloss. Diese Strategie veranlasste die Rote Armee, sich an beiden Plätzen den Einfluss Chinas zu sichern, auch um gegen die Sowjetunion gerüstet zu sein. Das starke militärische Aufgebot der alliierten Flotte brachte die Rote Armee schließlich dazu, von einer Invasion in Südkorea und in Taiwan abzusehen. Der Korea-Krieg war auf allen Seiten sehr verlustreich, aber er begründete auch den Mythos von der heldenhaften Roten Armee Chinas. Erfolgreich verhinderte sie, dass sich die USA in Nordkorea, und damit direkt vor einem Zentrum der chinesischen Schwerindustrie, festsetzen konnten.

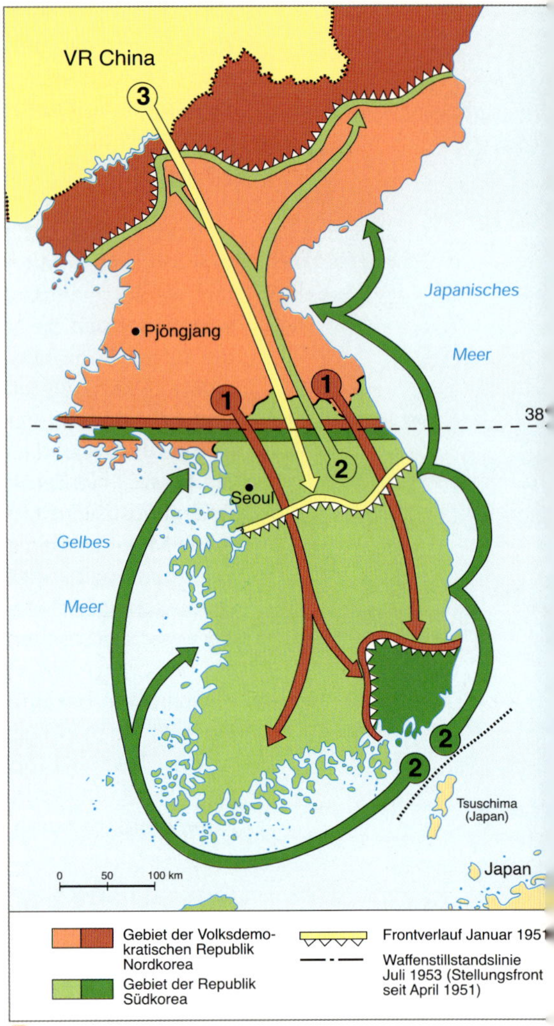

Die Karte zeigt die verschiedenen Phasen im Kriegsverlauf. Es begann mit dem Einfall nordkoreanischer Truppen nach Südkorea im Juni 1950 (Pfeile 1). Die Pfeile 2 zeigen die Gegenoffensive der UN-Truppen unter der Führung der Amerikaner. Pfeil 3 markiert den Vorstoß der chinesischen Truppen zur Unterstützung des kommunistischen Nordens. Insgesamt dauerten die Kämpfe etwa drei Jahre, bis zum Juli 1953.

Im Oktober 1950 marschierte die Armee in

Tibet

Tibet ein, das in der Zeit der Qing-Dynastie unter chinesischem Einfluss gestanden hatte, im 20. Jahrhundert aber unter britischem Einfluss ein wichtiger, antichinesischer Pufferstaat zur Sicherung Indiens war. Nachdem Großbritannien 1947 Indien in die Unabhängigkeit entlassen hatte, nahm das Interesse der Briten an Tibet ab. Gegen den Einmarsch der chinesischen Truppen legten daher auch weder Indien noch Großbritannien oder die Vereinten Nationen Protest ein. Das theokratische System der tibetischen Mönche schamanischer Prägung mit seiner patriarchalischen und von den agrarischen Interessen der Nomaden geprägten Gesellschaftsordnung war selbst viel zu schwach, um sich gegen den überlegenen Einfluss Chinas zu behaupten. Tibet wurde eine autonome Region der Volksrepublik China. Sein geistliches Oberhaupt, der Dalai Lama (= „Lehrer im großen Meer der Weisheit") erhielt Asyl in Indien.

Säuberungen

Mehrere Kampagnen in China sollten alle Widerstände gegen die kommunistische Revolution brechen. Wer nicht zur Selbstkritik im Sinne der Partei fähig war, wer das Vertrauen der Revolutionäre verlor, musste sterben.

Durch eine Forcierung der Industrialisierung sollte der Rückstand zur Sowjetunion aufgeholt werden. China schloss sich eng an die Fünfjahrespläne Moskaus an: Energieversorgung, Schwerindustrie, Maschinenbau, Rüstungsindustrie standen in den 1950er-Jahren im Vordergrund. Die Einrichtung von Fachministerien, Fachhochschulen und Provinzbehörden setzte das Konzept um. Für die Ausbildung von Ingenieuren und Naturwissenschaftlern wurde viel investiert.

Um die Kluft zwischen der sich sprunghaft entwickelnden Industrie und der lahmenden Landwirtschaft nicht zu groß werden zu lassen, betrieb Mao Zedong mit den Provinzgouverneuren am Parteikader vorbei die Kollektivierung der Landwirtschaft. Das führte nicht nur zum Konflikt mit der Partei, sondern auch mit Moskau. Der sowjetische Ministerpräsident Nikita Chruschtschow (1894–1971) wandte sich in einer Rede (25. Februar 1956) gegen den Stalin-Kult. Mao Zedong bezog diese Wendung sofort auf sich, da er selbst den Kult um seine Person förderte. Er vermutete in seiner Umgebung Saboteure, die ihm nach dem Leben trachteten und ihn um den Ruhm der Revolution bringen wollten. Die Widersprüche zwischen Regierung und Volk durften seiner Ansicht nach nicht durch Bürokratie vergrößert werden. Er wollte deshalb die Intellektuellen, die Ingenieure und Lehrer, zurückgewinnen. In seiner berühmten Rede vom 2. Mai 1956 – „Lasst hundert Blumen nebeneinander blühen, lasst hundert Schulen miteinander wetteifern!" – rief er zur Kritik auf, um die wachsende Machtfülle der Partei zu relativieren. Schnell wuchs die Bewegung über sich hinaus und drohte zu eskalieren. Mao musste den Anlauf stoppen; wieder wurde eine halbe Million Menschen hingerichtet. Maos Ansehen litt nun zusehends.

Personenkult

„Lasst hundert Blumen blühen"

In den Jahren 1958–1960 gab er die Prinzipien der kommunistischen Partei ganz auf und setzte zum „Großen Sprung nach vorn" an. Angetan vom Beispiel einer Genossenschaft wollte er die Landbevölkerung dazu bringen, nicht nur Ackerbau zu betreiben, sondern gestützt auf die massenhafte Ressource Arbeitskraft gleichzeitig in den arbeitsarmen Jahreszeiten die Kleinindustrie (Eisenschmelze, Ausbau der Infrastruktur) voranzubringen. Dieses Vorhaben war qualitativ unergiebig und konnte mit den staatlichen Betrieben in den Zentren nicht mithalten. Maos Plan führte direkt in eine ökonomische Katastrophe, weil die im Jahresplan behaupteten und die tatsächlichen Ernteerträge nicht übereinstimmten. Eine unbeschreibliche Hungersnot war die Folge, die etwa 40 Millionen Menschen das Leben kostete.

Der „Große Sprung nach vorn"

Schmelzöfen in der Provinz Henan

Die „Große proletarische Kulturrevolution"

Jiang Qing

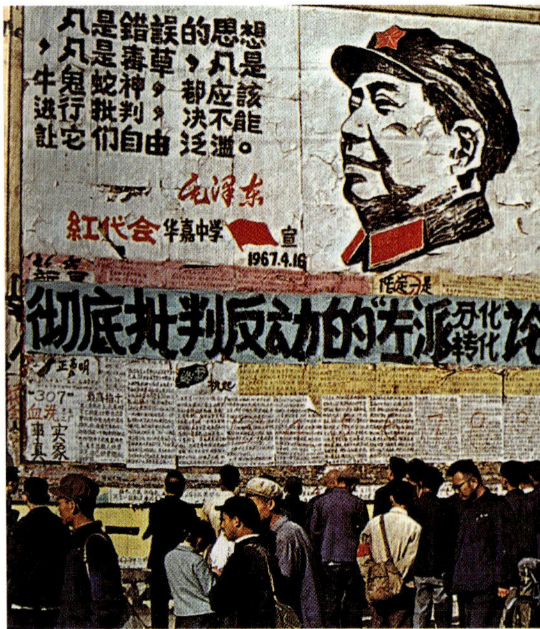

Wandzeitung während der Kulturrevolution

Immer wieder versuchte Mao, das revolutionäre Feuer der Anfangsjahre neu zu entfachen, doch er scheiterte am mächtigen Parteikader, der sich zunehmend mehr im leninistischen Sinn bürokratisierte. Feste hierarchische Strukturen und kollektive Entscheidungen nach langen Beratungen wurden das Prinzip. Aber wie der Kaiser in der Vergangenheit, hatte der Parteivorsitzende auch ohne wirkliches Amt einen hohen politischen Einfluss.

Mao Zedong meldete sich auf verschiedene Weise zu Wort. 1966 rief er indirekt eine „Große proletarische Kulturrevolution" aus. Gegen seine Widersacher in der Partei löste er einen Aufstand der Massen und Jugendlichen aus.

Seine vierte Frau, Jiang Qing (1914–1991), eine Schauspielerin aus Shanghai, beriet ihn und schürte die revolutionäre Begeisterung gegen Parteibürokratie, Korruption und Bevormundung an Schulen und Universitäten. Die Massen sollten mit ihrer Kritik die Partei immer wieder an die Bedürfnisse des Volkes erinnern. Zwar sollte die Partei stets das letzte Wort behalten, aber nicht ohne Rücksicht auf den Volkswillen handeln. Der Gefahr, dass Parteifunktionäre im eigenen Interesse handelten wie früher die Landaristokratie und viele Beamte, sollte entgegengetreten werden. Mao rief die Studenten in Peking und in aller Welt zum Widerstand auf, um konterrevolutionäre Kräfte zu entlarven und zu vertreiben.

Mao-Bibel

Am 16. Juli 1966 durchschwamm Mao als symbolische Geste den Yangtse-Fluss, um seine Vitalität zu beweisen und gleichsam zu neuen Ufern zu gelangen. Auf die bäuerliche Bevölkerung machte diese Geste, die das Fernsehen überallhin übertrug, einen ungeheuren Eindruck. Mit Wandzeitungen, „Mao-Bibeln" und Trommeln stürmten Schüler und Studenten Wohnungen von Intellektuellen und einflussreichen Parteimitgliedern, zerstörten sie und zerrten Professoren vor das Tribunal. Auch Arbeiter machten mit und errichteten in den Städten und auf dem Land Kommunen als Ausdruck des revolutionären Willens des Volkes. Als die Zustände wieder ganz aus dem Ruder zu laufen drohten, musste Mao 1967 das Militär einsetzen, um die Ordnung wiederherzustellen. Die Studenten wurden aufs Land zum Arbeitseinsatz verbannt. 1969 wurde die Kulturrevolution für beendet erklärt. Die Opfer wie auch die wirtschaftlichen Verluste waren nicht mehr zu beziffern.

Zhou Enlai

Auf der Grundlage der Breschnew-Doktrin griffen die Sowjets 1969 am Grenzfluss Ussuri China an, das sich nun weit vom Leninismus entfernt hatte. Zwar kehrte zu dieser Zeit bereits die alte hierarchische Ordnung in Wirtschaft und Politik Chinas wieder ein, doch die Truppenintervention hatte zur Folge, dass China unter dem Regierungschef Zhou Enlai zunehmend in der Sowjetunion den Hauptfeind sah und bereit war, sich dafür an die USA anzunähern.

1971 wurde China anstelle von Taiwan in die Vereinten Nationen aufgenommen und erhielt einen Sitz als Ständiges Mitglied im Sicherheitsrat. Obwohl dieser Schritt vor allem aus machtpolitischen Erwägungen erfolgte, hat die Weltgemeinschaft damit indirekt auch Chinas Interpretation der Menschenrechte als Kollektivrechte anerkannt. Westliche Politiker fordern bei ihren Besuchen in China oft die Einhaltung der Menschenrechte (im europäischen Sinn), können aus diesem Grund jedoch die Chinesen damit nicht wirklich überzeugen.

1972 besuchte der US-amerikanische Präsident Richard Nixon (1913–1994) China, um ein Bollwerk gegen die Sowjetunion zu schaffen und im für die Amerikaner erfolglosen Vietnam-Krieg die Volksrepublik China davon abzuhalten, Nordvietnam weiter gegen die USA zu unterstützen. Auch bei dieser Visite war das weltpolitische Machtinteresse wichtiger als ideologische Vorbehalte gegen kommunistische Staatensysteme. Mit einer großangelegten Medienkampagne sollte vor allem die amerikanische Öffentlichkeit von diesem Widerspruch abgelenkt werden.
1976 starb Mao und hinterließ ein durch seine sprunghaften Maßnahmen und den Dauerkonflikt mit der Parteiführung geschundenes Land.

Die vier Modernisierungen

Deng Xiaoping

Sonderwirtschaftszone

Mit Deng Xiaoping (1904–1997) kam 1978 ein Weggefährte Maos der ersten Stunde an die Macht. Er war Sohn eines reichen Landadligen, hatte in Paris und Moskau studiert und sich früh – aus patriotischer Gesinnung – der KP Maos angeschlossen. Deng war Pragmatiker, der den Kapriolen Maos die vier Modernisierungen von Landwirtschaft, Industrie, Wissenschaft und Technologie entgegensetzte. Alle ideologischen Spielereien verbannte er, um das Land reich und stark zu machen. Völlig klar sah Deng, dass dazu Zeit und Planungssicherheit erforderlich waren. Außerdem vertraute er auf Dezentralisierung und begrenzte Zusammenarbeit mit dem Ausland. Statt fiktiver Planungsziele hatte er sich die schrittweise Weiterentwicklung bestehender Strukturen vorgenommen. Sozialismus und Marktwirtschaft waren für ihn keine Gegensätze, wenn sie der Entwicklung des Landes dienten. 1992 erklärte er sogar gegen die Parteiführung die sozialistische Marktwirtschaft zum Ziel.
Die Einführung einer Sonderwirtschaftszone im Süden Chinas, die Rückgewinnung der britischen Kronkolonie Hongkong für die Volksrepublik China und die Zusammenarbeit mit westlichen Ländern waren die Ecksteine seiner Politik. In den 1980er-Jahren wurden auf dem Lande aus den kollektivistischen Kommunen wieder selbstverantwortliche Bauernhaushalte gemacht, die in den Dörfern und Städten ihre Erträge absetzen konnten. Das führte zu einer raschen Bevölkerungsvermehrung und schnell steigenden Produktionsgewinnen, die viel höher waren, als Maos Eingriffe es je vermocht hatten. Bauern durften nun

Chinesisches Plakat mit Werbung für die Ein-Kind-Familie

auch wieder in die Städte fahren und dort ihre Waren verkaufen. Diese Bauernmärkte in den Landstädten und entlang der Straßen entwickelten sich rasant und umfassten in den 1990er-Jahren auch schon kleingewerbliche Produkte. Um den wachsenden Bedarf an Konsumgütern zu befriedigen, wurden auf dem Land auch Privatunternehmer und kleinere Produzenten zunächst geduldet, dann genehmigt, schließlich gefördert. 1995 erzielten die Privatunternehmer bereits ein höheres Steueraufkommen als die kommunalen Betriebe. Die Zahl der Beschäftigten in ländlichen Industrie- und Dienstleistungsunternehmen nahm von 1979 bis 2000 von 29 auf 169 Millionen Menschen zu. Vom Land aus breiteten sich die Privatisierung, der wirtschaftliche Aufschwung und der explosive Anstieg des Wohlstands aus. In den Städten blieben die Großunternehmen noch staatlich. Im Fünfjahresplan 1984–1988 setzte allerdings erstmals auch für die Städte eine Lockerung der Produktionsbedingungen ein. Der Manager war nicht mehr abhängig vom Parteisekretär, sondern sollte nach rein ökonomischen Gesichtspunkten entscheiden dürfen.

Fünfjahresplan

Vom Ausland lernen, Kapital, Industrie und Know-how ins Land lassen, das ließ sich nicht auf Dauer auf die Wirtschaft beschränken. Immer mehr Chinesen studierten im Ausland und lernten dort andere politische Verhältnisse kennen. Einflussreiche Studenten und Ingenieure in China verlangten daher auch mehr politische Rechte für das Volk. Zwar ging es noch nicht um freie Wahlen, aber doch um freie Meinungsäußerung und Kritik an der Staatsführung. Diese Proteste, von Deng anfangs zugelassen, schienen zunehmend den Herrschaftsanspruch der Partei zu untergraben. Als sich auch Arbeiter dem Protest anschlossen, setzte Deng 1989 das Militär ein, um den Widerstand auf dem „Platz des himmlischen Friedens" (Tiananmen-Platz) blutig niederzuschlagen.

Aufstand auf dem Tiananmen-Platz

Für kurze Zeit hatte Deng sich damit noch einmal gerettet; die Modernisierung war aber nicht mehr zu stoppen. Mit Dengs Tod ging 1997 die Macht an eine neue Generation von Parteiführern über, die mehr im Team als autoritär regierten und konsequent die wirtschaftliche Modernisierung voranbrachten. Darunter zeichneten sich Li Peng (*1928 als Sohn eines Schriftstellers, 1987–1998 Premierminister, mitverantwortlich für den Militäreinsatz auf dem Tiannamen-Platz 1989), Zhu Rongji (*1928, 1998–2003 Premierminister) und Wen Jiabao (*1942, seit 2003 Premierminister) als vorsichtige, aber technisch sehr gut informierte und interessierte Funktionäre aus.

Li Peng

3. China nach 1990

Hu Jintao

Vor allem der Staatspräsident Jiang Zemin (*1926, 1989–2002 Generalsekretär der KPCh) setzte sich in dieser Gruppe der Technokraten und Ingenieure durch und leitete mit Hu Jintao (*1942), der seit 2002 das Politbüro als Generalsekretär führt, die Öffnung nach Japan und dem Westen im ökonomischen Interesse des Landes konsequent ein. Diese Führungsmannschaft ist hochgebildet, naturwissenschaftlich-technisch an der berühmten Qinghua-Universität geschult und frei von sozialistischer Experimentierlust. Der 17. Parteitag der KP Chinas beschloss im Oktober 2007 das Motto: „Das große Banner des Sozialismus chinesischer Prägung hochhalten und um den neuen Sieg beim umfassenden Aufbau einer Gesellschaft mit bescheidenem Wohlstand kämpfen". Im neuen Parteistatut setzt sich noch mehr das wissenschaftliche Entwicklungskonzept zur wirtschaftlichen und gesellschaftlichen Entwicklung Chinas durch. Es bestimmt für die nächsten Jahre den Weg des Sozialismus chinesischer Prägung.

Inzwischen ergreift dieses Denken auch die Ebenen der Provinzen und großen Städte, sodass die ökonomische Modernisierung nachhaltig abgestützt wird. Die Provinzen werden immer selbstständiger, ihre Gouverneure stehen dem kapitalistischen Denken keineswegs fern. Die Geheimdienste behindern zugleich die politische Opposition, wobei die Marschroute in den Provinzen durchaus nicht immer mit der Hauptstadt abgestimmt ist. Immerhin setzt sich allgemein das Bemühen durch, nicht nur die Parteikader, sondern auch die breite Bevölkerung zunehmend mehr an Wohlstand und Bildung teilhaben zu lassen. Dass sich ein quasi leninistisches System so weit entwickeln konnte, hat man lange Zeit nicht für denkbar gehalten. Die Rückschläge des 20. Jahrhunderts haben die Führung

sehr vorsichtig gemacht. Korruption, innerparteiliche Machtkämpfe, Nebenregierungen von Parteiveteranen und unausgegorene Experimente sollen nun aber der Vergangenheit angehören.
2001 betrug das wirtschaftliche Importvolumen Chinas schon mehr als 240 Milliarden US-Dollar. Bis 2006 ist es auf 791 Milliarden Dollar gestiegen. 2007 lag der Anteil Chinas am weltweiten Wirtschaftswachstum bei etwa 25 Prozent. China will weiter mit anderen Entwicklungsländern kooperieren und hat dazu mit vielen Ländern und Gebieten, besonders in Afrika, regionale Kooperationsabkommen abgeschlossen. Trotz der Vorwürfe wegen Plagiaten von ausländischen Produkten, Dumping-Preisen und ökologischer Mängel will China weiter an der Politik der Öffnung nach außen festhalten und nun auch verstärkt den Umweltschutz und die Verbesserung der Lebensbedingungen der Bevölkerung in den Mittelpunkt der Politik rücken. Die Olympischen Spiele 2008 wurden in diesem Kontext als Schaufenster des modernen Chinas für die ganze Welt genutzt. Angesichts der historischen Erfahrungen der Chinesen im 19. und 20. Jahrhundert ist es verständlich, dass die Bevölkerung darin eine symbolische Anerkennung ihrer Leistungen in der Weltgemeinschaft sieht.

Das Olympia-Gelände in Peking, 2008: vorne das Stadion des Olympischen Sportzentrums, hinten das Nationalstadion (sog. „Vogelnest“)

Bodenreform und Bauernbewegung in China – zwischen Ideologie und Modernisierung

Ein Dorf in China

Die Landwirtschaft Chinas hat in ihrer langen Geschichte immer wieder wichtige Umbauten erfahren müssen. Noch heute wirken sich die Reformen aus, die Mao Zedong eingeleitet hatte. Mao interessierte sich nicht allein für eine ökonomische Modernisierung, sondern er dachte vor allem im leninistischen Verständnis an die Revolution in einem agrarisch geprägten Land. Ohne erstarkte Bourgeoisie und Industriearbeiterschaft war die reine Lehre nicht anwendbar. In China galt es, dörfliche Traditionen verschiedener Völker, den Personenkult um Mao Zedong und das Konkurrenzdenken gegenüber dem Westen zu beachten. Diese Voraussetzungen waren Mao bewusst, erzwangen jedoch immer wieder Anpassungen an veränderte Produktionsbedingungen. Maos Bodenreform stellte für Albanien, Kuba und einige Länder Afrikas ein erstrebenswertes Modernisierungsmuster dar.
Vor diesem Hintergrund ergibt sich für China eine doppelte Fragestellung:

- **Unter welchen Bedingungen kann eine ideologisch motivierte Bodenreform funktionieren? (europäische Sichtweise)**
- **Wie kann das Erbe der Revolution unter den veränderten Bedingungen der heutigen Weltordnung transformiert werden? (chinesische Sichtweise)**

Verschiedene historische Materialien – Karten, persönliche Erfahrungsberichte, ein publizistischer Text und statistisches Material – ermöglichen Antworten auf diese Fragen.

Entwerfen Sie arbeitsteilig **Lernplakate**, auf denen Sie Ihre Antworten zu den beiden Leitfragen visualisieren und im Kurs vorstellen.

Vorschläge zum Arbeitsprozess, um die Materialien gezielt fragebezogen zu erschließen:
Bilden Sie Arbeitsgruppen, in denen Sie die Materialien auswerten. Notieren Sie Ihre jeweiligen Arbeitsergebnisse auf Karteikarten.

1. Untersuchen Sie die Karten (M 1) und stellen Sie die klimatischen und regionalen Unterschiede der landwirtschaftlichen Bodennutzung zusammen. Erstellen Sie unter Berücksichtigung der Nahrungsgewohnheiten (M 3) eine grafische oder tabellarische Übersicht der Ergiebigkeit der Nutzflächen.
2. Arbeiten Sie ausgehend vom Info-Text (S. 15–17) und anhand der Interpretation der Quellen M 2 und M 3 Maos zentrale Gedanken und Schlussfolgerungen bezüglich der agrarischen Situation und Besitzverhältnisse heraus. Zeigen Sie dabei auf, wo und inwieweit ideologische und politische Aspekte seine Sichtweise prägten.
   ➜ **Tipp:** Nutzen Sie dazu die in der Basismethode „Sprachliche historische Quellen interpretieren" empfohlenen Schritte (s. S. 72 ff.).
3. Stellen Sie auf der Grundlage Ihrer Interpretationsergebnisse von M 3 die Sozialstruktur Chinas auf dem Lande dar.
   Beurteilen Sie Vor- und Nachteile der Besitzverteilung für eine effektive agrarische Produktion.
4. Beschreiben Sie auf der Grundlage von M 4 und M 5 das Leben in einer Bauernkommune.
5. Beurteilen Sie die Chancen der Übertragbarkeit des „chinesischen Modells" auf Länder der sog. Dritten Welt.
6. Werten Sie das statistische Zahlenmaterial (M 6) sachgerecht aus.
7. Vergleichen Sie ausgehend von den Ergebnissen Ihrer Statistikauswertung (M 6) Maos Vorhaben (M 2) im Blick auf die Kriterien *Zielrichtung* und *Ergebnis* mit dem seiner Erben. Beziehen Sie die Informationen des Info-Textes (S. 19 f.) ein.

MATERIALIEN

M 1 Boden und Klima in Chinas Landwirtschaft

In grafischer Vereinfachung zeigen die Karten Bodenverhältnisse und Nutzungsarten; die klimatischen Voraussetzungen lassen sich dabei erschließen.

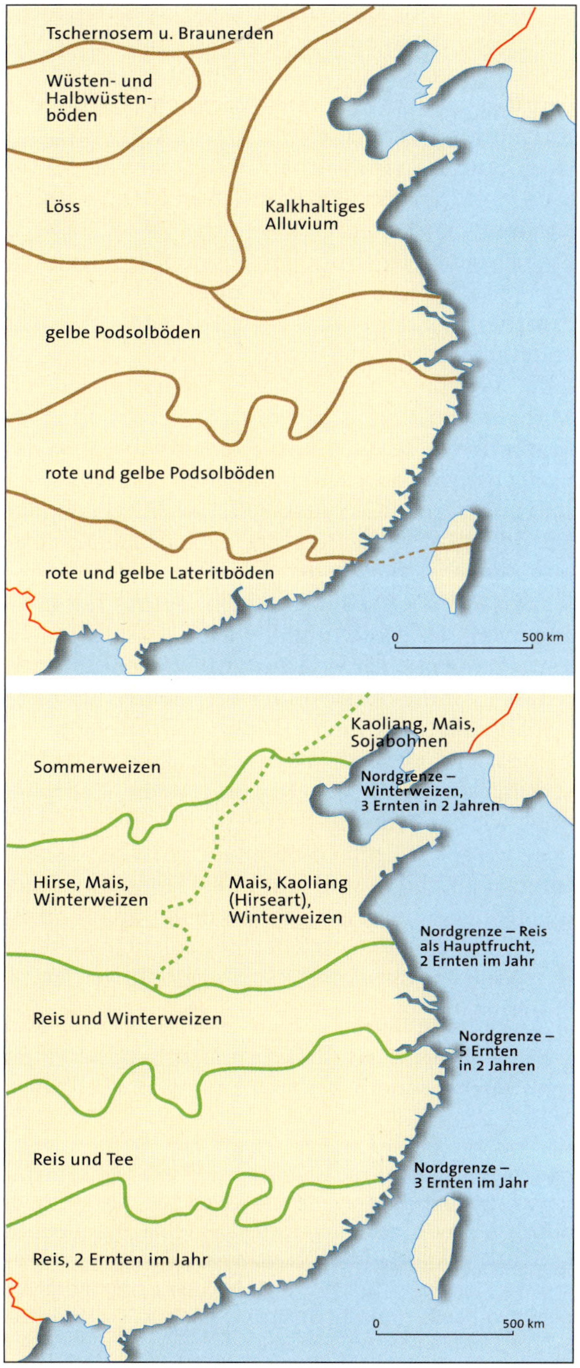

(Nach: Werner Storkebaum, China – Indien. Großräume in der Entwicklung, Braunschweig (Westermann) 1992, S. 48)

M 2 Mao Zedong: Bericht über eine Inspektionsreise – die Bauernbewegung in Hunan (März 1927)

Mao Zedong (1893–1976) war ein Bauer aus Hunan und wurde 1921 eines der Gründungsmitglieder der KP Chinas. Andere Gründer tendierten deutlich mehr zu westlichen Ideen und als Marxisten zur Betonung der Rolle der industriellen Arbeiterklasse. Das Problem in China wie in vielen anderen Teilen der Welt war es, dass die unterdrückten Armen eher Bauern als Industriearbeiter waren. Der klassische Marxismus ermutigte die Kommunisten, für die Entwicklung der Industriegesellschaft zu arbeiten. Mao wurde ein aktiver Organisator auf dem Lande und stellte die Theorie auf, dass eher Bauern als Arbeiter die Revolution schaffen sollten.

Die Bedeutung der Bauernfrage

Während meines jüngsten Besuchs in der Provinz Hunan untersuchte ich aus erster Hand die Bedingungen in den fünf Bezirken von Hsiangtan, Hsianghsiang, Hengshan, Liling und Changsha. In den 32 Tagen vom 4. Januar bis zum 5. Februar berief ich Untersuchungskonferenzen in den Dörfern und Bezirksstädten ein, die von erfahrenen Bauern und von Genossen, die in der Arbeiterbewegung tätig waren, geleitet wurden, und ich hörte aufmerksam ihren Berichten zu und sammelte eine große Menge Material.

Vieles von dem Wie und Warum der Bauernbewegung war das genaue Gegenteil von dem, was die Landbesitzer in Hankow und Changsha sagten. Ich sah und hörte von vielen befremdlichen Dingen, die mir bis dahin unbekannt waren. Ich glaube, dasselbe ist auch an vielen anderen Orten genauso. Alle Ansichten, die gegen die Bauernbewegung gerichtet sind, müssen schnell korrigiert werden. All die falschen Daten, die von den revolutionären Zellen über die Bauernbewegung in Umlauf gesetzt wurden, müssen schnell geändert werden. Nur so kann die Zukunft der Revolution gesichert werden. Denn der gegenwärtige Aufbruch der Bauernbewegung ist ein kolossales Ereignis. In sehr kurzer Zeit werden in Chinas zentralen, südlichen und nördlichen Provinzen einige hundert Millionen Bauern sich wie ein mächtiger Sturm erheben, wie ein Taifun, eine Kraft so stark und gewaltig, dass keine Macht, nicht einmal eine Großmacht, in der Lage sein wird, sie zurückzuhalten. Sie werden alle Fesseln, die sie binden, zerbrechen und auf der Straße der Befreiung voranschreiten. Sie werden alle Imperialisten, Warlords, korrupten Beamten, lokalen Tyrannen und die teuflischen Landbesitzer (Gentry) in ihr Grab werfen. Jede revolutionäre Partei und jeder revolutionäre Genosse werden daraufhin geprüft werden, ob akzeptiert wird oder nicht, wie sie entscheiden. Es gibt drei Alternativen: an die Spitze zu marschieren und sie zu führen; hinter ihnen herzuziehen, mit Geschimpfe und Kritik; oder ihnen in den Weg zu treten und sich zu widersetzen. Jedem Chinesen steht es frei zu wählen, aber die Ereignisse werden es erzwingen, die Wahl schnell zu treffen.

Nieder mit den lokalen Tyrannen und den verfluchten Landbesitzern! Alle Macht den Bauern-Assoziationen!

Die wichtigsten Angriffsziele für die Bauern sind die lokalen Tyrannen, der verfluchte Landadel und die gesetzlosen Landbesitzer, aber indem wir sie schlagen, kämpfen wir auch gegen patriarchalische Ideen und Einrichtungen, gegen die korrupten Beamten in den Städten und gegen schlechte Praktiken und Sitten auf dem Lande. In ihrer Gewalt und in ihrem Ziel ist der Angriff wie ein Sturm; die, die sich davor beugen, überleben, und die, die Widerstand leisten, gehen zugrunde. Im Ergebnis werden die Privilegien, derer sich die feudalen Landlords über Tausende von Jahren erfreuten, in Stücke geschlagen. Jedes Stück der Würde und des Ansehens der Landlords wird vernichtet werden. Wenn die Macht der Landlords gebrochen ist, sind die Bauern-Assoziationen die einzigen Organe der lokalen Autoritäten geworden. Der populäre Slogan „Alle Macht den Bauern-Assoziationen" ist Wirklichkeit geworden. Sogar die Streitigkeiten zwischen Eheleuten sind vor die Bauern-Assoziation gebracht worden. Nichts darf geschehen, ohne dass jemand von der Bauern-Assoziation anwesend ist. Die Assoziation diktiert schon alle ländlichen Angelegenheiten und, ganz im wörtlichen Sinne, „was sie auch sagt, das geschieht".

Diejenigen, die außerhalb der Assoziationen sind, können nur gut über sie sprechen und dürfen nichts gegen sie sagen. Die lokalen Tyrannen, die verfluchte Gentry und die gesetzlosen Landlords sind all ihrer Rechte zu sprechen beraubt worden und niemand von ihnen kann noch widersprechen. Angesichts der Macht und des Drucks der Bauern-Assoziationen sind die wichtigsten lokalen Tyrannen und die verfluchte Gentry nach Shanghai geflohen, die zweitrangigen nach Hankow, die drittklassigen nach Changsha und die im vierten Rang in die Provinzstädte, während die fünftklassigen und letzten sich den Bauern-Assoziationen in den Dörfern ergeben haben.

(Selected Works of Mao Tse-tung, Bd. I, Peking (Foreign Languages Press) ³1975, S. 23ff.; zit. und übers. nach: Paul Halsall, July 1998, halsall@murray.fordham.edu (Internet Modern History Sourcebook)

M 3 Mao Zedong: Wie soll man die Klassen auf dem Lande unterscheiden? (Oktober 1933)

I. Der Grundbesitzer (Landlord)

Ein Grundbesitzer ist eine Person, die Land besitzt, nicht selbst arbeitet oder doch nur eine sehr kurze Zeit, und durch Ausbeutung von Bauern lebt. Das Sammeln von Landrente ist seine wichtigste Form der Ausbeutung; außerdem kann er Geld verleihen, Arbeit vermieten oder in Industrie und Handel investieren. Aber seine Bezüge von Landrente von den Bauern sind seine hauptsächlichste Form der Ausbeutung. Die Verwaltung von kommunalem Land und das Sammeln von Abgaben von Schulland[1] sind in der Kategorie Ausbeutung durch Landrente enthalten.

Ein verschuldeter Grundbesitzer muss immer noch als Grundbesitzer gelten, wenn er nicht in Arbeit investiert, sondern von Betrug und Raub lebt oder von Verwandten oder Freunden Unterstützung erhält. Es geht ihm besser als dem durchschnittlichen Mittelbauern.

Kriegsherren, Beamte, lokale Machthaber und der verruchte Landadel sind politische Repräsentanten und außerordentlich rücksichtslose Mitglieder der Grundbesitzerklasse. Niedrigere lokale Machthaber und der verruchte Landadel sind auch sehr oft unter den reichen Bauern zu finden.

Personen, die den Grundbesitzern beim Sammeln von Renten und der Verwaltung des Eigentums helfen, die von der Ausbeutung der Bauern durch die Grundbesitzer als ihrer Haupteinnahmequelle abhängen und denen es besser geht als dem durchschnittlichen Mittelbauern, sollen in dieselbe Kategorie wie die Grundbesitzer gestellt werden.

Wucherer sind Leute, die auf wucherische Ausbeutung angewiesen sind als ihre Haupteinnahmequelle, denen es besser geht als dem durchschnittlichen Mittelbauern, und auch sie sollen in dieselbe Kategorie wie die Grundbesitzer gestellt werden.

II. Der reiche Bauer

Der reiche Bauer als Besitzer besitzt Land. Aber einige reiche Bauern besitzen nur einen Teil ihres

[1] Es gab verschiedene Arten von Gemeinland in den Landregionen Chinas: Land, das einer Stadt oder einer Bezirksregierung gehörte, dem Ahnentempel eines Clans, einem buddhistischen oder taoistischen Tempel, einer katholischen Kirche, einer Moschee oder Land, dessen Gewinn zum Nutzen der öffentlichen Wohlfahrt, z. B. bei Hungersnöten, diente oder zum Bau und Erhalt von Straßen und zur Förderung der Schulbildung. In der Praxis wurde das meiste Land dieser Art von den Grundbesitzern und reichen Bauern kontrolliert, nur wenige Bauern hatten bei der Verwaltung etwas zu sagen.

Landes und pachten den Rest. Andere haben gar kein eigenes Land und pachten ihr gesamtes Land. Der reiche Bauer hat im Allgemeinen mehr und bessere Produktionsmöglichkeiten und mehr flüssiges Kapital als der Durchschnitt. Er arbeitet selbst, aber er hängt immer zu einem Teil oder sogar zum größeren Teil seines Einkommens von Ausbeutung ab. Seine wichtigste Form der Ausbeutung ist die Anstellung von Arbeitern (Langzeit-Arbeitskräfte). Darüber hinaus kann er einen Teil seines Landes verpachten und Ausbeutung durch Pachtforderungen betreiben oder er kann Geld verleihen oder in Industrie und Handel investieren. Die meisten reichen Bauern betätigen sich auch in der Verwaltung von kommunalem Land. Eine Person, die einen erheblichen Teil gutes Land besitzt, es zum Teil selbst bewirtschaftet ohne Lohnarbeiter, aber andere Bauern ausbeutet durch Pachtforderungen, Löhne oder anderes, soll als reicher Bauer bezeichnet werden. Reiche Bauern betreiben normalerweise Ausbeutung und viele davon beziehen den Hauptteil des Einkommens daher.

III. Der mittlere Bauer (Mittelbauer)
Viele Mittelbauern besitzen Land. Einige besitzen nur einen Teil ihres Landes und pachten den Rest. Andere besitzen kein eigenes Land und pachten ihr ganzes Land. Alle von ihnen haben eine beachtliche Anzahl von Ackergerät. Ein Mittelbauer bezieht sein Einkommen ganz oder hauptsächlich von seiner eigenen Arbeit. Allgemein beutet er andere nicht aus und in vielen Fällen ist er selbst von anderen ausgebeutet, wenn er eine kleine Pachtsumme zahlen muss oder Zinsen oder Löhne. Aber normalerweise verkauft er seine Arbeitskraft nicht. Einige Mittelbauern (die bessergestellten) üben in geringem Ausmaß Ausbeutung aus, aber das ist weder ihre regelmäßige noch hauptsächliche Einkommensquelle.

IV. Der arme Bauer (Kleinbauer)
Unter den armen Bauern besitzen einige einen Teil ihres Landes und haben gelegentlich ein paar Ackergeräte; andere besitzen überhaupt kein Land, sondern nur ein paar Werkzeuge. Generell müssen arme Bauern ihr Land pachten, das sie bewirtschaften, und sind so der Ausbeutung unterworfen, indem sie Landrente und Zinsen zahlen müssen und selbst noch in einigem Maße ihre Arbeitskraft zur Verfügung stellen müssen.
Im Allgemeinen muss der Mittelbauer seine Arbeitskraft nicht verkaufen, während der Kleinbauer seine Arbeitskraft verkaufen muss. Das ist der wesentliche Unterschied zwischen einem mittleren und einem armen Bauern.

V. Der Landarbeiter
Der Landarbeiter besitzt kein Land oder Anteile am Hof, obwohl einige einen sehr kleinen Teil an beidem durchaus haben können. Die Arbeiter bestreiten ihren Lebensunterhalt ganz oder hauptsächlich durch den Verkauf ihrer Arbeitskraft.

(Mao Zedong, Gesammelte Werke; zit. und übers. nach: http://csf.colorado.edu/psn/marx/Other/Mao/3310a.htm)

M 4 Der Buchhalter Lo Han-Hung aus dem Dorf Liu-Ling in der Provinz Shen-si (Nordchina) berichtet über seine Erfahrung mit der Kuo-min-tang 1947–1953

In Liu-Ling endete 1935 Maos „Langer Marsch". Das Dorf im kargen Norden Chinas zählte damals 50 Familien, die in Höhlen lebten. Der norwegische Autor Jan Myrdal lebte dort 1964 einige Wochen und befragte die Dorfbewohner. Lo Han-Hung wurde gewissermaßen der Geschäftsführer der späteren Kommune.

Mein Vater heißt Lo Wen-ming und stammt aus Heng-shan. Ich selber bin auch dort oben geboren worden. Wir hatten es schwer und Vater zog hierher ins Yenan-Gebiet, als ich ungefähr fünf Jahre alt war. Ein Jahr später kam Vater zurück und holte meine Mutter, mich selbst und meine kleine Schwester. Ich weiß so gut wie nichts mehr von all dem. Hier in Wang-chia-kou pachtete Vater Land von einem Grundbesitzer namens Tsao. Dies war damals schon ein Rotes Gebiet hier, doch es war während der Zeit der Zusammenarbeit, sodass Vater nur Pächter sein konnte. Drei oder vier Jahre nach unserem Umzug wurde jedoch eine Landaufteilung vorgenommen und wir erhielten einen Hügel als Eigentum zugewiesen. Danach vergingen sieben oder acht Jahre, bis Hu Tsung-nan 1947 kam. Wir besaßen damals einen Ochsen, einen Esel und 20 Mou (1 Mou = 1/15 ha) Land. Es lag teils in der Talschlucht und teils auf den Bergen. Die KMT (Kuo-min-tang) zerstörte alles und die Soldaten aßen unseren Ochsen auf. Alle Tiere in der Gegend verschwanden.
Als Hu Tsung-nan sich näherte, ging Vater in die Guerilla. Wir begaben uns in die Berge. Aber zur Erntezeit 1947 kam Vater aus der Guerilla zurück und wir zogen wieder ins Dorf hinunter. Wir konnten vom Dorf aus mit der Guerilla in Verbindung bleiben. Wir hatten nichts zu essen, denn der Feind hatte unser Getreideversteck gefunden. Auch wussten wir nicht, wo wir wohnen sollten. Die meisten in unserem Dorfe arbeiteten für die Guerilla, denn die Leute hassten Hu Tsung-nan jetzt.

Eines Tages waren ich und einige andere Kinder draußen und spielten. Wir waren im Ganzen acht. Wir wurden von den KMT-Soldaten entdeckt und liefen fort, obwohl sie uns zuriefen, dass wir anhalten sollten. Sie verfolgten uns. Mit einem Male begannen alle Soldaten zu schießen. Dann schossen andere KMT-Soldaten in den Bergen. Sie versuchten uns zu fangen, aber stattdessen schossen sie aufeinander und töteten einen der ihren. Das war lustig, fanden wir Kinder.

Wir entkamen, aber noch in der gleichen Nacht überfielen die KMT-Soldaten das Dorf und plünderten es. Später in der Nacht gingen einige ältere Jugendliche in die Berge hinauf, um sich der Guerilla anzuschließen.

Hu Tsung-nan eröffnete eine Schule in Liu Ling und versuchte uns zu zwingen, sie zu besuchen. Aber das half ihm nichts, denn die Truppen hatten zu viel geplündert. Wir waren etwa sieben, acht Kinder in unserer Klasse. Unser Lehrer hieß Lei. Wir arbeiteten nicht, sondern lungerten nur herum, denn wir wussten, dass die Lehrer in Hu Tsung-nans Diensten standen. Außerdem waren wir rings von heimlichen Agenten umgeben, die in normaler Bauernkleidung umherliefen. Aber die waren nicht so gefährlich, denn in ihrem Innersten waren sie in Wirklichkeit für die Guerilla. Die Lehrer in der Schule dagegen waren wirkliche Agenten. Sie machten Propaganda für die KMT. Sie sagten: „Die KMT ist für das Volk.“ Aber wir hatten ja schon eine ganze Menge gesehen und waren ja schon ziemlich groß, sodass wir fragten: „Wenn es sich so verhält, dass die KMT für das Volk ist und sie wirklich so gut ist, warum haben sie uns dann unseren Ochsen gestohlen?“ Da bekamen wir Prügel.

An den Abenden betranken sich die Lehrer. Wir Kinder unterhielten uns über die verschiedenen Armeen, die Rote Armee und Hu Tsung-nans Truppen. Das hörten die Lehrer und schlugen uns mit dem Stahllineal. Am nächsten Tage schwänzte ich, denn ich hatte diese Schule satt. Da kamen sie und holten mich. Aber ich saß nur da und tat so, als ob ich lernte. In Wirklichkeit tat ich nichts. Schließlich war es so weit mit der Schule gekommen und die Lehrer wurden so sehr von allen Kindern und Eltern gehasst, dass die Dorfbewohner sich mit der Guerilla in Verbindung setzten und sagten, dass etwas geschehen müsse. In der Nacht kam die Guerilla. Den KMT-Agenten im Dorf hatten wir gesagt, sie sollten sich hinlegen und richtig ausschlafen. Alle Lehrer wurden gefangen genommen, mit Ausnahme des Lehrers Lei, dem es gelang zu fliehen. In dieser Nacht hörte die Schule auf zu existieren.

Mehr und mehr Leute arbeiteten für uns, und der Feind bekam Angst und floh in die Stadt und wagte nicht mehr, auf dem Lande zu arbeiten. Die KMT hatte keinen Nachschub und die Verpflegung war schlecht, und wenn ihre Soldaten in die Dörfer hinauskamen, um Essen zu stehlen, wurden sie von der Guerilla angegriffen und das ging meistens schlecht aus für die KMT, hörten wir. Im Frühjahr 1948 zog sich die KMT aus Nord-Shen-si zurück.

Da begannen wir, unser Heim wieder aufzubauen. Die drei Höhlen, die wir gehabt hatten, waren eingestürzt und wir bauten neue. Im Herbst 1948 ging ich wieder zur Schule in Liu Ling. Sie bestand aber nur aus den unteren Klassen. Es war eine niedere Grundschule damals. Zur höheren Grundschule in Yenan kam ich 1953. Die besuchte ich achtzehn Monate lang. Im März 1954 starb meine Mutter. Da wollte Vater, dass ich die Schule beenden und nach Hause zurückkehren sollte. Ich wollte auf keinen Fall aufhören, sondern weiterlernen. Aber Vater forderte es. Die Familie brauchte mich und mir blieb keine Wahl. Nach beendetem Frühjahrssemester 1954 musste ich ins Dorf zurückkehren. Vater hatte befürchtet, dass ich nach Verlassen der Schule außerhalb der Familie arbeiten würde, wenn ich die Möglichkeit hätte weiterzulernen. Ich war der einzige Sohn und Vater wollte, dass ich in der Familie blieb. Ich war sehr traurig, aber ich dachte an meine Schwester und meinen Vater und kehrte nach Wang-chia-kou zurück.

(Zit. nach: Jan Myrdal, Bericht aus einem chinesischen Dorf, München (dtv) [4]1974, S. 165–167, übers. v. Adolf Gustav Modersohn)

M 5 Bericht in der Neuen Zürcher Zeitung über die Ping-Chou-Kommune in Südchina (Januar 1970)

Unzählige Wasserläufe durchziehen die Ping-Chou-Kommune im Delta des Perlenflusses. 64 000 Menschen, die sich in 14 000 Haushalte aufteilen, leben in der Kommune. Auf eine Familie entfallen demnach im Durchschnitt nicht mehr als drei Kinder, was für das kinderreiche China erstaunlich wenig ist. Die Kommune zählt 17 Produktionsbrigaden, die sich wieder in 276 Produktionsgruppen aufteilen. Von den 4 600 Hektar Ackerland sind 4 000 Hektar mit Reis bebaut. Am Rande der Reisfelder stehen Bananenbäume und Maisstauden. Das letzte Stückchen Boden ist angebaut. Außerdem werden auf der Kommune noch Zuckerrohr, Gemüse und Früchte produziert. Auf dem Stück Hofland, das den Bauern verblieben ist, wird vornehmlich zur Deckung des Eigenbedarfes Gemüse und Obst gepflanzt. Das Hofland der Bauern macht heute

Chinesische Reisbauern

aber nicht mehr als 3 Prozent des gesamten Ackerlandes aus. Und der Überschuss aus der Eigenproduktion darf nicht mehr auf dem freien Markte verkauft, sondern muss an das Kollektiv abgeliefert werden.

Der stellvertretende Vorsitzende des Revolutionskomitees der Kommune zeigt stolz auf die bis zum Dache aufgestapelten Reissäcke im Lagerhaus. „Wir haben heute Vorräte angelegt, die für ein Jahr die Ernährung der Kommune sichern. Wir haben den Appell des Vorsitzenden Mao: ‚Bereitet euch auf Krieg und Naturkatastrophen vor‘ befolgt". Die Kommune will im vorigen Jahre 500 Pfund Reis pro Kopf an Reserven angelegt haben. Trockenheiten und Überschwemmungen bedeuten für die Kommune heute keine Gefahr mehr. Unzählige Kanäle mit einer Gesamtlänge von mehr als 100 Kilometern durchziehen das Gelände. Die meisten Wasserbauarbeiten wurden bereits in den Jahren 1959 und 1960 ausgeführt. Während der Kulturrevolution wurden die Kanäle ausgebaut und die Dämme erhöht. Es gibt heute auf der Kommune 24 Wasserpumpstationen und dazu noch 300 bewegliche Pumpen, sodass Be- und Entwässerung gesichert sind. Auch die Versorgung mit Dünger hat sich in den letzten Jahren wesentlich gebessert, was hauptsächlich durch die Erhöhung des Schweinebestandes erreicht wurde. Heute besitzt die Kommune 70000 Schweine, 37000 mehr als vor der Kulturrevolution. Jeder Haushalt kann sich ein bis zwei Schweine und ein Dutzend Hühner halten. Rund 70 Prozent der Schweine sind aber in Kollektivbesitz. Die Kommune besitzt zudem eine Versuchsstation, auf der mit ertragreichen Reispflanzen experimentiert wird; es wird eine Reispflanze von niedrigerem Wuchse, die Stürmen besser widerstehen kann, entwickelt. Die Mechanisierung steckt noch in ihren Anfängen; erst 5 Prozent des Ackerlandes werden mit 24 alten Traktoren bearbeitet.

Der Vorsitzende des Revolutionären Komitees erzählt, dass vor der „Befreiung" der Pro-Mou-Ertrag (1/15 ha) auf 400 bis 500 Pfund Reis gelegen habe, im Vorjahr aber auf 1238 Pfund. Obschon auf den Kopf weniger als ein Mou Reisland entfällt, konnte die Kommune im Vorjahr 450 Pfund Reis per Kopf an den Staat abliefern. Er weist aber auch auf die noch bestehenden Mängel hin: Die Mechanisierung ist noch nicht ausreichend, die Kommune ist noch nicht reich genug, um das Lebensniveau der Mitglieder wesentlich erhöhen zu können, und die Produktion ist noch unausgeglichen, da einige Produktionsbrigaden 1600 Pfund, andere aber nur 1000 Pfund Reis per Mou produzieren. Der Vorsitzende hofft, dass im Vertrauen auf die eigene Kraft die noch bestehenden Mängel im Laufe der Zeit behoben werden können.

Die Kommune kann aber auch mit beachtlichen Leistungen aufwarten. Heute haben 80 Prozent der Haushalte elektrisches Licht. Insgesamt 60 Kilometer Starkstrom- und 160 Kilometer Schwachstromleitungen sind verlegt worden.

Die Kommune will heute auch weitgehend von staatlichen Lieferungen unabhängig geworden sein. Die industrielle Produktion nahm in der ersten Hälfte von 1969, verglichen mit der gleichen Periode des Vorjahrs, um 7,1 Prozent zu. In Werkstätten werden einfache Ackergeräte fabriziert und Maschinen sowie Traktoren repariert. All diese Anlagen sind natürlich noch recht primitiv.

Auch der neue Gesundheitsdienst ist auf die Ping-Chou-Kommune gekommen. Jede der 17 Produktionsbrigaden besitzt 60 „Barfußärzte", die freilich keine ausgebildeten Ärzte, sondern so etwas wie Sanitätsgehilfen sind. Die Kinder der Bauern gehen in der Kommune in Grund- und Mittelschulen. Wer eine höhere Schule besuchen will, muss in das nahe gelegene Kanton gehen. Die Kommune besitzt zwei Lastwagen, eine Fähre und zahlreiche kleinere Boote, die für den Transport im Deltagebiet unerlässlich sind. Auf der Ping-Chou-Kommune sind, wahrscheinlich weil sie zu nahe der Stadt ist, keine Intellektuellen angesiedelt worden. Schüler, Intellektuelle und Funktionäre arbeiten nur für kurze Zeit, von einem Monat bis zu einem Jahr, auf der Kommune. Die Bauern arbeiten 7 bis 8 Stunden pro Tag auf den kollektiven Feldern und sie haben im Monat 4 bis 5 Ruhetage. Der Arbeitslohn beträgt per Kopf 156 Yuan (ca. 125 €) im Jahr, der in zwei

Raten, einmal nach der Frühjahrs- und einmal nach der Herbsternte, ausgezahlt wird. Als Naturalentschädigung werden jährlich 600 Pfund Reis, etwas Speiseöl, vier Meter Baumwollstoff und Brennmaterial verteilt.

(Zit. nach: Jan Deleyne, Die chinesische Wirtschaftsrevolution, Reinbek (Rowohlt) 1972, S. 68 f.)

M 6 Neuere Entwicklung im Agrarsektor

a) Reformen

Die wichtigste institutionelle Veränderung war die zunächst familienbezogene Verpachtung des Landes an die Bauern, die sich ab Anfang der 1980er-Jahre landesweit durchsetzte. Die Abkehr von den kollektiven Produktionsorganisationen führte zum Zusammenbruch der in den Fünfzigerjahren eingeführten Volkskommunen. An die Stelle kollektiver Eigentumsrechte am Boden traten langfristige private Bodennutzungsrechte (Dauer der Nutzungsverträge zunächst fünf, dann 15 und inzwischen bis maximal 50 Jahre), die mit Pflichtverkäufen an den Staat verbunden wurden. Das staatliche Handelsmonopol wurde aufgebrochen und die Bauern erhielten Gewerbefreiheit und beschränkte Migrationsmöglichkeiten. Ab Mitte der Achtzigerjahre setzte man die Liberalisierung der Agrarmärkte und der Agrarpreise fort. Allerdings unterlagen Produktion und Verkauf bestimmter Agrarprodukte, die für die Grundversorgung der Bevölkerung von zentraler Bedeutung sind wie z. B. Getreide, weiter der staatlichen Kontrolle. Auch der Boden blieb im kollektiven Eigentum ebenso wie die Bewässerungsanlagen; private Nutzungsrechte am Boden sind nach wie vor zeitlich befristet.

Die Zulassung nicht landwirtschaftlicher Betriebe steht im direkten Zusammenhang mit der Reform der Agrarstrukturen und der Notwendigkeit, überschüssige ländliche Arbeitskräfte zu absorbieren. Vor allem in wirtschaftlich höher entwickelten Küstenprovinzen und in der Umgebung von Großstädten boten sich ausreichend Anreize für die Lokalregierungen, bestehende kollektive Kleinbetriebe zu fördern und neue zu gründen.

b) Output ausgewählter landwirtschaftlicher Produkte (in Mio. t)

	1978	1993	1994	1995	1996	1997	1998
Getreide	304,8	456,5	445,1	466,6	504,5	494,2	512,3
Getreideoutput/prozentuale Veränderung gegenüber dem Vorjahr		103,1	97,5	104,8	108,1	97,9	103,7
Ölpflanzen	5,2	18,0	19,9	22,5	22,1	21,6	23,1
Baumwolle	2,2	3,7	4,3	4,7	4,2	4,6	4,5
Zuckerrohr	21,1	64,2	60,9	65,4	66,9	78,9	83,4
Zuckerrüben	2,7	12,0	12,5	13,9	16,7	14,9	14,5

(a und b nach: Carsten Herrmann Pillath, in: Brunhild Staiger (Hg.), Länderberich China, Darmstadt (WBG) 2000, S. 158 f.)

c) Ausgewählte Kennzahlen zur agrarwirtschaftlichen Landnutzung

	1978	1980	1984	1988	1992	1994	1995
Genutzte Anbaufläche/Beschäftigte in der Landwirtschaft (ha/Person)	0,35	0,33	0,31	0,30	0,27	0,28	0,29
Anteil bewässerte Fläche an der gesamten Anbaufläche (Prozent)	45	45	45	46	51	51	52
Chemischer Dünger/Anbaufläche (t/ha)	0,09	0,13	0,18	0,22	0,31	0,35	0,38
Leistung der landwirtschaftlich genutzten Maschinen/Agrarfläche (kW/ha)	1,18	1,48	1,99	2,78	3,18	3,56	3,80
Leistung der landwirtschaftlich genutzten Maschinen/ Beschäftigte in der Landwirtschaft (kW/Person)	0,41	0,49	0,62	0,82	0,87	1,01	1,09
BPW[1] der Landwirtschaft/Anbaufläche (Yuan/ha)	1 405,6	1 936,5	3 284,5	6 127,1	9 478,5	16 595,2	21 418,1
BPW[1] der Landwirtschaft/Beschäftigte in der Landwirtschaft (Yuan/Person)	490,9	645,1	1 014,4	1 818,7	2 599,5	4 717,5	1 610,6

(Nach: Carsten Herrmann-Pillath u. a. (Hg.), Länderbericht China, Bonn 2000, S. 636)[1]

[1] BPW = Bruttoproduktionswert

d) Ernteerträge in Mio. t (k. A. = keine Angabe)

	1960	1980	1990	1998
Reis	69	140	189	199
Weizen	22	55	98	110
Mais	20	62	96	133
Baumwolle	2	3	4	4
Obst	4	7	19	55
Fisch	k. A.	2	4	11
Fleisch	k. A.	k. A.	28	57
Ölfrüchte	4	8	16	23

e) Die Bedeutung der Landwirtschaft im volkswirtschaftlichen Rahmen

Jahr	Beschäftigte		Wirtschaftsleistung	
	absolut in Mio.	% aller Besch.	absolut in Mrd. Y	in % des BIP
1960	210	82	34	23
1970	277	80	79	35
1980	291	68	136	30
1990	384	60	501	27
1998	348	49	1 460	18

(d und e: China Statistical Yearbook; nach: Dieter Böhn (Hg.), Der asiatisch-pazifische Raum, Berlin (Cornelsen) 2001, S. 86 u. S. 88)

M 7 Die demographische Entwicklung in China und ihre Progonose

a) Geburtenrate in China und Deutschland 1950–2005

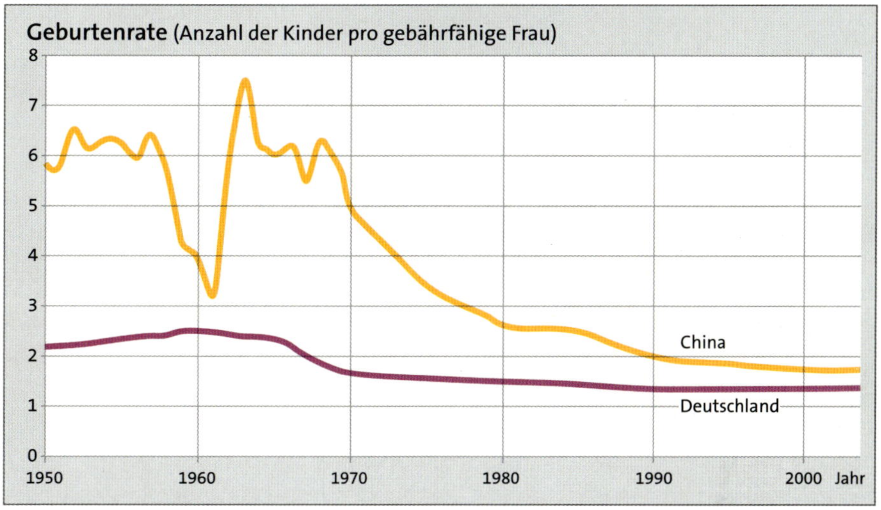

b) Entwicklung der Alterspyramide Chinas

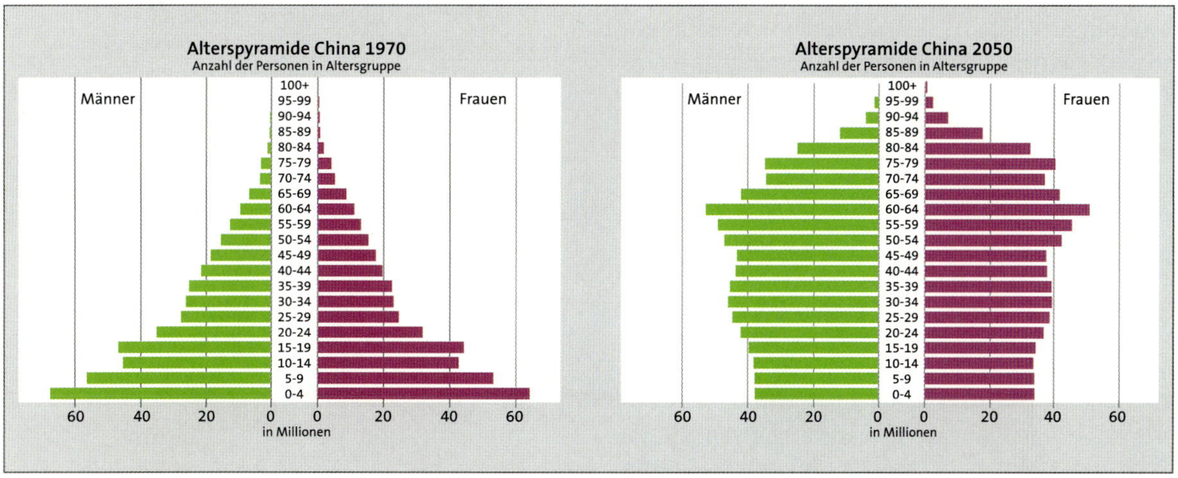

(a und b: Population Division of the Department of Economic and Social Affairs of the United Nations Secretariat, World Population Prospects – The 2006 Revision and World Urbanization Prospects/The 2005 Revision)

Frauen in China – enttäuschte Illusionen?

Politisch engagierte Frauen in Europa suchten in den 1970er-Jahren nach einem tragfähigen Vorbild für die Emanzipation der Frau. In der Sowjetunion, die überaus bürokratisch und militaristisch regiert wurde, gab es dieses Vorbild ebenso wenig wie im kapitalistisch bestimmten Westen. Daher wandten sich diese Frauen dem vermeintlich dritten Weg, nämlich China, zu. Wir verdanken ihnen kritische Einblicke in die chinesische Gesellschaft. Die Enttäuschung ließ jedoch nicht lange auf sich warten. Der zweite Bericht der Frauengruppe klingt schon viel ernüchterter und kritischer.

Aber auch die chinesischen Frauen selbst haben sich, ihrer tragenden Rolle für den Aufbau des Sozialismus bewusst, über ihre soziale Stellung geäußert. Die Rechte der Frauen waren das Maß für die gesellschaftlich errungene Freiheit und Gleichberechtigung, das Kriterium für den erreichten Fortschritt.

Wie chinesische Frauen lebten und arbeiteten, soll hier in einigen Dokumenten vorgestellt werden. Sie können das Material unter folgenden Fragen erschließen:

- **Welches Bild von ihrer gesellschaftlichen Rolle zeigen die Frauen in China? Ist ihre wirkliche Situation damit zu vereinbaren?**
- **Welche Perspektiven ergeben sich aus dem chinesischen System für das Zusammenleben der Geschlechter in der Gesellschaft?**

Frauen in China: Präsentieren Sie mit Blick auf die Leitfragen in einer kleinen Dokumentation ihre Untersuchungsergebnisse als **Wandzeitung** und diskutieren Sie ihre Lösungsansätze im Kursverband.

Folgende Arbeitshinweise helfen Ihnen, in Arbeitsgruppen zentrale Aspekte zur Thematik zu erarbeiten:

1. Erarbeiten Sie, ausgehend von der Analyse der Materialien M 1und M 2, die Lebensbedingungen von Frauen auf dem Lande und in der Stadt in den 1970er-Jahren.
   Differenzieren Sie zwischen der Rolle der Frau in der Familie, am Arbeitsplatz und in der Sicht der Parteiführung.
2. Charakterisieren Sie die in M 2 erkennbare Selbstdarstellung der Frauen und vergleichen Sie diese mit den Ausführungen Maos in seiner Rede „Lasst hundert Blumen blühen“ (s. Info-Text S. 17).
3. Beschreiben Sie anhand der Analyse von M 3 und M 4, wie die Autorin die Situation junger Frauen in China in den 1970er-Jahren wahrnimmt. Berücksichtigen Sie dabei den Konflikt zwischen Anpassung und Widerstand sowie die Wirkung des Systems von Normen und Werten in der Gesellschaft.
4. Analysieren Sie die Materialien M 5 und M 6. Welches Bild der gegenwärtigen Lage der Frauen in China wird hier gezeichnet?
   ➧ **Tipp:** Weitere Informationen lassen sich über eine Internetrecherche und in fachlicher Literatur (s. Literaturhinweise S. 83) beschaffen.

MATERIALIEN

M 1 Der große Umsturz

Die französische Sozialistin Claudie Broyelle berichtet über ihren Besuch in China 1973:

Für die Frauen gab es im feudalen China keinen Ausweg. Ihre Unterdrückung beruhte nicht nur auf alten Sitten, auf tausendjährigen Traditionen, die nicht durchbrochen werden konnten. Die eheliche Unterdrückung der Frauen war ganz und gar mit dem Wirtschaftssystem verknüpft. Wie hätte sich auch sonst eine solche Situation nur einige Jahre, geschweige denn über Jahrhunderte, hindurch halten können? In seiner ganzen Geschichte hat China zahlreiche Bauernrevolutionen erlebt, aber niemals waren sie siegreich und niemals konnten die Frauen ein anderes Leben auch nur erahnen. Erst mit dem Auftauchen des Proletariats zeichnete sich für Hunderte Millionen Bauern und für die Frauen ein neuer Weg ab. Deshalb ist die Befreiungsbewegung der chinesischen Frauen aufs engste mit der Revolution verbunden, denn zum ersten Mal sahen die Frauen die Möglichkeit, eine neue Rolle auf der Erde zu spielen, die Möglichkeit, etwas anderes zu machen, als dem Mann, der Schwiegermutter, dem Großgrundbesitzer, den Göttern zu dienen [...]. Zum ersten Mal sahen sie die Möglichkeit, ihren Platz hinterm Herd oder am Brunnen zu verlassen. „[...] Die Freiheit der Liebe wird sich über China ausbreiten!“ – für Hunderte Millionen Frauen war diese Sehnsucht noch sehr weit von ihrer Realität entfernt. Hätte eine Frau weggehen wollen, wenn ihr Mann sagte: „Was kannst du ohne mich machen? Wer sollte dir zu essen geben? Wer sollte die Felder für dich bestellen? Du hast nur Hirngespinste im Kopf, es gibt keine andere Lösung. Dein Schicksal ist es, mir hier zu dienen, so wie es mein Schicksal ist, den Großgrundbesitzern zu dienen.“
Die Befreiung der Frauen konnte nicht die Angelegenheit der Frauen allein sein; zu viele Dinge waren mit ihrer Unterdrückung verbunden. Die Befreiung konnte nur in der Revolution stattfinden, so wie die Revolution nur möglich war, wenn man den Aberglauben zerstörte, den Sippenrespekt, den Ahnenkult und die eheliche Macht, auf denen die Macht der Großgrundbesitzer beruhte. Deshalb entfaltete sich die Frauenbewegung in den Gebieten stark, die von der Roten Armee der Arbeiter und Bauern befreit worden waren. Überall führten die Frauen den „großen Umsturz“ herbei; mit der Ankunft der VIII. Armee überzeugten sie sich von der Möglichkeit, die Gleichberechtigung der Frauen mit den Männern durchzusetzen. So organisierten sie Wachsamkeitstrupps und wenn sie einen typischen Fall entdeckt hatten, eine Familie, die die Frau besonders schlecht behandelte, gingen sie zu ihr und sprachen mit ihr, um sie von der Möglichkeit zu überzeugen, dass sie sich von diesem Joch befreien könnte, wenn die Frauen sich zusammenschlössen. Dann versammelten sie die Frauen des Dorfes, luden den Mann oder den Schwiegervater vor und forderten sie auf, sich öffentlich zu den Anklagen der Frau bzw. der Schwiegertochter zu erklären. Wenn er eine Stellungnahme ablehnte, geschah es häufig, dass sie ihn schlugen, um ihm zu zeigen, dass die Dinge von nun an nie mehr wie früher sein würden, dass er es ja nicht wagen sollte, seine Frau zu tyrannisieren, wenn er erst mal wieder allein mit ihr wäre; denn das Frauenkomitee blieb wachsam, bereit, wenn nötig, jederzeit wieder einzugreifen. Hinton[1] berichtet:
»Zu diesen gehörte die Frau des armen Bauern Man-ts'ang. Als sie von einer Versammlung des Frauenverbandes nach Hause kam, schlug ihr Mann sie und schrie: „Ich werd' dir das Zuhausebleiben noch beibringen. Ich werd' dir deine Mucken austreiben.“ Aber Man-ts'angs Frau überraschte ihren Herrn und Gebieter. Anstatt wie ein pflichtbewusstes Ding zu Hause zu bleiben, ging sie am nächsten Tag zum Sekretär des Frauenverbandes, der Frau des Milizsoldaten Ta-hung, und klagte ihren Mann an. Nach einer Diskussion mit den Mitgliedern des Exekutivkomitees berief Ta-hung eine Versammlung aller Frauen im Dorf ein. Mindestens ein Drittel, vielleicht aber auch die Hälfte der Frauen erschienen. Vor dieser beispiellosen Versammlung entschlossener Frauen wurde die Forderung gestellt, dass Man-ts'ang seine Tat rechtfertigen sollte. Man-ts'ang, arrogant und uneinsichtig, kam auch bereitwillig. Er sagte, dass er seine Frau geschlagen habe, weil sie zu den Versammlungen ging: „Sie geht bloß deshalb dahin, damit sie frei herumflirten und sich verführen lassen kann.“
Diese Sätze riefen den wütenden Protest der versammelten Frauen hervor. Den Worten folgten bald Taten. Sie stürzten sich von allen Seiten auf ihn, warfen ihn zu Boden, traten nach ihm, zerrten an seinen Kleidern, zerkratzten ihm das Gesicht, zogen an seinen Haaren und schlugen ihn so lange, bis er nicht mehr atmen konnte.
„Willst du sie noch mal schlagen? Willst du sie schlagen, um alle zu verleumden? Hurensohn! Vielleicht wird dir das eine Lehre sein.“

---

[1] William Hinton, Fanshen – Dokumentation über die Revolution in einem chinesischen Dorf, Bd. 1, S. 219f.

„Hört auf, ich werde sie nie wieder schlagen", keuchte der von Panik ergriffene Ehemann, der unter ihren Schlägen der Ohnmacht nahe war. Sie ließen von ihm ab, sodass er aufstehen konnte, und schickten ihn mit der Warnung nach Hause, dass er mehr von derselben Medizin erhalten würde, sollte er in Zukunft auch nur den kleinen Finger gegen seine Frau erheben. Von diesem Tag an wagte Man-ts'ang seine Frau nie wieder zu schlagen und von diesem Tag nannte man seine Frau im ganzen Dorf nach ihrem Mädchennamen Ch'eng Ai-lien und nicht mehr einfach Man-ts'angs Frau, wie es seit eh und je der Brauch war.«
So wurde das durchgeführt, was die Frauen den „großen Umsturz" nannten, und selbst wenn die Ehemänner nicht immer sofort ihre gesellschaftlichen Aktivitäten billigten, lernten sie doch sehr schnell, sehr viel behutsamer ihnen gegenüber aufzutreten. Im Allgemeinen war der Frauenverband zu diesem ersten Schritt gezwungen, um ein Minimum an Sicherheit für die Frauen zu gewährleisten, die am Befreiungskampf teilnehmen wollten.

(Claudie Broyelle, Die Hälfte des Himmels – Frauenemanzipation und Kindererziehung in China, Berlin (Wagenbach) 1973, S. 124–126, übers. v. Matthias Wolf)

M 2 Frauen in der Fabrik

In den Städten und Fabriken stellten sich andere Probleme für das Leben der Frauen:

Schließlich ist es uns nach anfänglichen Schwierigkeiten gelungen, selber Wasserkessel und Ofenrohre zu produzieren. Diese Produktion wurde vom Staat akzeptiert. Das war unser erster Sieg. Einfache Hausfrauen ohne Qualifikation hatten es durch gegenseitige Hilfe, durch Energie und Hartnäckigkeit geschafft, Haushaltsgeräte zu fabrizieren, die so gut waren, dass der Staat sie ihnen abkaufte! Unser Eifer verdoppelte sich. Wir beschlossen, gemäß den Bedürfnissen des Volkes, auch andere Gegenstände zu produzieren; nach einer Umfrage, durch die wir neue Bedürfnisse der Einwohner erfuhren, begannen wir die Fabrikation von medizinischem Gerät: Schutzplatten gegen Röntgenstrahlen, Isolierschränke. Dazu haben wir alte Maschinen benutzt, die nicht mehr funktionierten; wir haben sie auseinandergenommen und eigenhändig umgebaut, um unsere Produktivität zu steigern und unsere Arbeit zu erleichtern. Diese wurde komplexer und gewann noch mehr Anerkennung als die Fabrikation von Wasserkesseln.
Wir haben in der Werkstatt folgende Worte des Vorsitzenden Mao angebracht: *„Heute haben sich die Zeiten geändert; was ein Mann vermag, vermag auch eine Frau."* Es war eigentlich überhaupt nicht einzusehen, warum wir Frauen nicht auch solche Apparate konstruieren konnten. Manchmal wurden einige von uns angesichts der Schwierigkeiten entmutigt. Sie sagten: „Was sollen alle diese Anstrengungen, wir schaffen es doch nicht. Wir haben keine Ausbildung, die medizinischen Apparate sind zu schwierig zu produzieren, wir sollten uns lieber auf die Wasserkessel beschränken". Wir diskutierten untereinander: „Wir sind nicht hier, um reich zu werden, und noch weniger, um irgendeinen ‚Herrn' zu bereichern. Das Volk braucht diese Apparate, und wir Frauen sollten die Hände in den Schoß legen! Jahrhundertelang sind die chinesischen Frauen als dumm betrachtet worden. Wir gehören zur Arbeiterklasse; wie könnte sie das Land dirigieren, wenn die Hälfte ihrer Mitglieder ungebildet bliebe und unfähig, sich neue Techniken anzueignen? Wir wissen nichts! Also gut, lernen wir! Auf den weißen Seiten schreibt man die schönsten Geschichten!" Und wir machten uns wieder an die Aufgabe, denn wir hatten unser Vertrauen wiedergefunden. Mit der Hilfe anderer Fabriken, die uns erfahrene Leute schickten, um uns zu beraten, haben wir es geschafft, nicht nur Schutzplatten und Isolierschränke zu produzieren, sondern auch Sterilisiergeräte mit hohen Temperaturen und Bestrahlungslampen. Nach einer Überprüfung vertraute uns der Staat dann diese Produktionsaufgabe an und unsere Fabrik erhielt ihren heutigen Namen: *Fabrik für medizinisches Gerät Tchaou Yan.* Zu diesem Zeitpunkt hatten wir uns bereits vergrößert, wir waren etwas mehr als dreihundert, darunter etwa zwanzig Männer. 1960 haben wir, ohne einen Pfennig vom Staat zu verlangen, vier weitere Werkstätten im Hof errichtet – wir haben einfach Ziegelsteine von ehemaligen Gebäuden genommen. In diesem Jahr haben wir ein Restaurant und eine Kinderkrippe im Bereich der Fabrik gebaut. Und all das mit eigenen Händen; wir können den Sozialismus mit unseren eigenen Händen aufbauen.

(Claudie Broyelle, Die Hälfte des Himmels – Frauenemanzipation und Kindererziehung in China, Berlin (Wagenbach) 1973, S. 16f., übers. v. Matthias Wolf)

M 3 Die sexuelle Selbstbestimmung als Gradmesser der gesellschaftlichen Freiheit

Die soziale Kontrolle trieb manchmal seltsame Blüten:

Wenn in den Einheiten jemand gegenüber dem anderen Geschlecht nicht genügend reserviert auftritt, dann wird er von seiner Umgebung sehr schnell als leichtfertig, ausschweifend und also tadelnswert eingestuft, vor allem, wenn es eine Frau ist. Wenn eine Frau einmal mit einem Mann ausgeht, dann hat die Öffentlichkeit sie schon verlobt, bevor sie nur einen Ton von sich geben konnte. Wenn sie dementiert und sagt, sie hätte gar nicht die Absicht zu heiraten, dann ist sie schon ein gefallenes Mädchen. „Kommt es vor, dass ein heimlich verlobtes Paar miteinander schläft?" – „Voreheliche Beziehungen sind außerordentlich selten", berichtete uns ein befreundeter Arzt. „Wechselnde Geschlechtsbeziehungen werden als abweichendes Verhalten betrachtet, das seine Bestrafung durch die Gesellschaft, im Wiederholungsfall die Besserung unter Aufsicht, erfordert." Hier einige Proben dieser Bestrafung durch die Gesellschaft:

1974 berichtete uns ein Lehrer von einem Vorfall, der sich gerade in der Qinghva-Universität ereignet hatte. Eine junge Studentin kehrt schwanger von einem Aufenthalt in einer Volkskommune zurück. Das Parteikomitee der Universität, das sofort vom Krankenhaus benachrichtigt worden ist (es gibt kein Arztgeheimnis in China, sondern die Ärzte sind im Gegenteil dazu verpflichtet, die Leitung zu informieren, besonders im Falle unerlaubter Schwangerschaft), kanzelt die Schuldige ab, wie das seine Pflicht ist, und drängt sie, den Namen des Schurken zu nennen, von dem sie das Kind bekommt. Sie weigert sich. Die Sache wird den Massen mitgeteilt und verspricht, spannend zu werden: der Vater wäre ein Parteikader der Volkskommune, das Mädchen sei vergewaltigt worden [...].

Zwei verschiedene Meinungen bilden sich an der Universität heraus. Die einen verlangen lautstark ein öffentliches Geständnis, die andern – zurückhaltender, aber bestimmt – fordern Schutz für die Studentin und dass man sie in Frieden lasse. Wie man sich denken kann, triumphiert die proletarische Moral. Die Studentin, die die unerträglichen Verhöre und den Druck nicht länger ertragen kann, begeht Selbstmord.

Beida: Die Tochter eines dortigen Angestellten wird schwanger und verliert daraufhin sofort ihre Arbeit. Ihr Freund, ein Student, sagt sofort, dass er der Vater des Kindes sei; dennoch wird er von der Universität gejagt. Sie würden sich lieben, sie würden gern heiraten, sagen sie? Man wird doch nicht das Laster belohnen, indem man ihr Verbrechen legalisiert! Das Parteikomitee findet eine bessere Lösung: Das junge Mädchen, dem ein schlechtes Führungszeugnis vorauseilt, wird zur Arbeit in den Süden geschickt; der junge Mann muss zur Umerziehung in den Norden.

In einem Fremdspracheninstitut kommt eine Studentin schwanger von einem längeren Aufenthalt in einer Volkskommune zurück. Ihr Freund bittet die Institutsleitung um die Erlaubnis zur Heirat. Beide bestehen auf der Heirat, versichern, dass sie sich lieben und dass sie ihr Kind behalten wollen. Die Studentin ist schon im 5. Monat, so kommt eine Abtreibung nicht mehr infrage. Entscheidung von oben: Das junge Paar darf nicht heiraten. Die Studentin, die gerade von einem Umerziehungsaufenthalt zurückgekommen ist, wird endgültig von der Universität verwiesen und muss sich an einem fremden Ort erneut durch körperliche Arbeit umerziehen lassen. Das Gleiche gilt für ihren Freund. Natürlich dürfen sie nicht am gleichen Ort arbeiten. Sobald das Kind geboren ist, wird es der Mutter weggenommen und in einem Krankenhaus zur Adoption freigegeben. Kommentar eines Lehrers: Dank dieser „Regelung" kann auch eine unfruchtbare Frau bei uns ein Kind haben, die Adoption ist leicht. Man muss sich nur zu einem Krankenhaus begeben, dort findet man fast immer ein Adoptionskind.

„Wenn eine Schwangerschaftsunterbrechung für ein erstes Kind gewünscht wird, versucht der Arzt zunächst, die Frau zu überreden, es zu behalten. Falls – im Falle einer unverheirateten Mutter – die Ehe keinen Ausweg bietet, etwa der Vater schon verheiratet ist oder weil eine Ehe mit ihm aus politischen oder anderen Gründen nicht wünschbar ist, wird niemand auf der Geburt bestehen und die Schwangerschaftsunterbrechung wird vorgenommen."

Hinter dieser Schönfärberei steckt in Wirklichkeit, dass man sie zur Abtreibung zwingt. Natürlich wird man sie nicht mit Gewalt auf dem Operationstisch festschnallen. Doch jeden Tag wird sie eine lange Sitzung über sich ergehen lassen müssen, auf der man sie zu überzeugen versucht. Bis sie nachgibt. Es gibt sehr wenige ledige Mütter in China.

Medizinerfreunde von uns, die in Pekinger Krankenhäusern arbeiteten, bestätigten, dass ziemlich wenig ledige Mütter Abtreibungen vornehmen ließen (etwa zehn pro Woche). Aber sie fügten hinzu, dass es sehr viel mehr wären, die mit weit fortgeschrittener Blutvergiftung oder gefährlicher Fehlgeburt als Folge heimlicher Abtreibungsversuche ins Krankenhaus kämen. Denn im Gegensatz zu dem, was man Edgar Snow [amerikanischer Schriftsteller] mitteilte, werden Verhütungsmittel nicht an Unverheiratete vergeben.

In einer Abteilung, in der eine Französin arbeitete, kündigte man eines Morgens eine Sitzung an, auf der über Verhütungsmittel informiert werden sollte. Zum großen Erstaunen der Französin blieben einige junge Männer und Frauen im Arbeitsraum zurück. Sie fragte sie, warum sie nicht an der Versammlung teilnehmen würden und bekam zur Antwort: „Wir sind nicht berechtigt dazu, denn wir sind nicht verheiratet." Erstaunt über diese Geschichte unserer Bekannten, fragten wir an unserem Arbeitsplatz, ob die Junggesellen Informationen über Familienplanung erhalten könnten. Überall war die Antwort die gleiche. „Nein, die bekommen nur Verheiratete." Wie sollte das auch anders sein, leugnet man doch die Existenz von sexuellen Bedürfnissen vor der Ehe oder bevor man 26 oder älter ist. Ein Mädchen, das schwanger ist, hat einfach Angst, ins Krankenhaus zu gehen, um abtreiben zu lassen, selbst wenn sie es noch so gern möchte, weil dann ja ihre Leitung, ihre Familie, die Partei davon erfahren würden, was unvermeidlich Repressionen nach sich zieht. Deshalb gibt es wenig in den Krankenhäusern erfasste Abtreibungen bei ledigen Müttern und sehr viel mehr heimliche.

(Claudie u. Jacques Broyelle, Zweite Rückkehr aus China, Berlin (Wagenbach) 1974, S. 28–30, übers. v. Eva Zwiauer)

M 4 Das Strafrecht als Erziehungsmaßnahme

Das Rechtswesen in China weist deutliche Unterschiede zu europäischen Gewohnheiten auf:

Der einzige Fall, wo die Massen aufgefordert sind, kollektiv an der Urteilssprechung teilzunehmen, ist der, wenn das Urteil in einer Angelegenheit gesprochen werden soll, in der die Partei die Möglichkeit sieht, die Massen zu erziehen. Ein Bekannter, der dies aus eigener Anschauung kennt, berichtete uns, dass die Behörden in einem solchen Fall ein Dokument in Fabriken, Schulen oder Verwaltungseinheiten zirkulieren lassen können, in dem die soziale Stellung des Angeklagten und das Verbrechen, das er begangen hat, angegeben sind. Jeder schreibt daraufhin seinen Namen auf ein Blatt Papier und die Strafe, die er vorschlägt. Die lokale Leitung wertet diese Vorschläge aus (wie viele für die Todesstrafe, wie viele für eine Gefängnisstrafe usw. sind) und schickt das Ergebnis der Untersuchung ans Justizministerium. Die Massen haben keine Möglichkeit, die Tatsachen nachzuprüfen. Das Einzige, was sie kennen, ist die knappe Version der Anklage. Sie können den Angeklagten weder sehen noch fragen. Aber das alles ist sowieso nur von relativer Bedeutung, denn das Gericht ist nicht verpflichtet, einer auf diese Weise zustande gekommenen kollektiven Meinung Rechnung zu tragen. Es entscheidet allein die Art der Strafe.

Eine der Hauptkritiken (wenn nicht die einzige überhaupt), die in China ständig gegen die Presse der kapitalistischen Länder erhoben wird, ist die, dass unsere Presse voll von vermischten Nachrichten bzw. Verbrechen sei. Die chinesische Presse berichtet nicht über so etwas; eigentlich erstaunlich, wo in China doch jeder Verstoß gegen die Gesetze als „politisches" Verbrechen angesehen wird. Warum also nicht die vermischten Nachrichten politisch erklären und ihre Ursachen analysieren, ohne deshalb gleich zu einer Pekinger Bildzeitung zu werden? In China wird derjenige, der eine Frau vergewaltigt hat, hingerichtet, aber man würde darüber nie etwas in der Presse publizieren. Die Hinrichtung dagegen findet in aller Öffentlichkeit statt, nachdem der Verurteilte eine Zeit lang von einer Einheit zur anderen herumgereicht und zur Schau gestellt worden ist. Die Veröffentlichung von solchen vermischten Nachrichten bzw. Verbrechen könnte nützlich sein. Die Massen könnten dadurch die tatsächliche Bedeutung von bestimmten Problemen besser einschätzen lernen. Es könnte eine Debatte entstehen, eine bessere Kontrolle über die Untersuchungen und Prozesse. Kurz, sie würde eine gewisse Teilnahme des Volkes an der Justiz erlauben, und sei es nur in Form einer Meinungsbildung. Nun ist es aber so, dass die Partei gerade diese Art der Teilnahme nicht will. Sie hat kein Interesse daran, dass eine Debatte entsteht, Kritiken ausgesprochen werden, Meinungen sich außerhalb ihrer Kontrolle bilden. Die Teilnahme der Massen muss perfekt organisiert und kanalisiert sein und genau zur vorgegebenen Zeit stattfinden und sie darf nur in eine Richtung gehen, die der Billigung. Die Teilnahme der Massen muss jedoch um jeden Preis da sein, denn sie ist ein wichtiger Stein im Gebäude der Repression.

(Claudie u. Jacques Broyelle, Zweite Rückkehr aus China, Berlin (Wagenbach) 1974, S. 140f., übers. v. Eva Zwiauer)

M 5 Die Hui'an Frauen – nur noch Folklore?

Auf der Suche nach individueller Identität kommen auch die regionalen Traditionen ins Spiel:

Hui'an, eine kleine Gemeinde mit 10000 Einwohnern, liegt an der Küste auf der Huidong-Halbinsel. Sie ist die Heimat der Hui'an-Frauen. Die Sitten und Gebräuche der Hui'an-Frauen haben große Aufmerksamkeit der in- und ausländischen Forscher erregt und ziehen ständig Touristen aus dem In- und Ausland an. Bekannt für ihren Fleiß und ihre

Freundlichkeit übernehmen die Hui'an-Frauen den größten Teil sämtlicher Arbeit. Sie sind beispielsweise mit der Straßenreparatur beschäftigt, leisten Arbeiten am Bau und die Hausarbeit kommt auch nicht zu kurz, während ihre Männer auf See sind.

Zur traditionellen Kleidung der Hui'an-Frauen gehören unter anderem Kopftücher mit Blumenmuster, kurze Jacken, silberne Gürtel und weite Hosen. Scherzhaft werden diese Gewänder als „feudaler Kopf, demokratischer Bauch, sparsame Jacke und verschwenderische Hose" bezeichnet.

Da die Hui'an-Frauen in der Regel Kopftücher und dichte Bambushüte tragen, die einem feudalen Kopfschmuck ähnlich sind, spricht man also vom „feudalen Kopf".

Die kurze Jacke, die sie tragen, entblößt ihren Bauch und ihre Hüfte. Das repräsentiert Freiheit und Demokratie und ist gleichzeitig materialsparend.

Die Beinkleider haben einen weiten Hosenaufschlag, oft zirka 40 cm breit. Da derartige Hosen sehr viel mehr Material brauchen, ist die Bezeichnung „verschwenderische Hose" nicht ganz unbegründet.

Bei den Hui'an-Frauen sind zwei Typen von Hut üblich. Einer ist groß, dick und schwer, mit einem leicht aufgekrempelten Rand. Der andere ist klein, dünn und leicht. Die Hüte sind in der Farbe gelb gehalten, um damit die Sonnenstrahlen zu reflektieren und die Frauen vor Sonnenbrand zu schützen.

Junge Frauen und Frauen mittleren Alters teilen ihr Haar, binden es hoch über die Ohren und befestigen es mit drei Kämmen. Unverheiratete Frauen tragen gern Fransen und Kopftücher. Die Kopftücher haben üblicherweise Blumenmuster, sind in einem Dreieck gefaltet und am Kopf gebunden. Die Kopftücher schützen nicht nur vor Sand, Regen und Kälte, sondern schützen auch die Frisur.

Die verschwenderischen Hosen bestehen aus Nylon oder Baumwolle. Die meisten Hui'an-Frauen ziehen diese Hosen an und tragen rote oder blaue Plastikgürtel. Verheiratete Frauen hängen ein bis acht silberne Bänder an ihren Gürtel. Die Hosen sind so geschnitten, dass sie eine schmale Taille und eine große Beckengröße haben, schön und bequem bei ihrer oft harten Arbeit.

Manche ältere Hui'an-Frauen haben goldene Zähne. Allerdings geht diese Sitte heute bei den jüngeren Generationen verloren. Früher trugen Frauen in Hui'an schwere Kopfbedeckungen, die meist 10 Kilo gewogen haben. Sie zogen lange Jacken an und trugen Schleier, um ihr Gesicht abzudecken.

Experten zufolge sind die Trachten der Hui'an-Frauen eine ungewöhnliche Mischung der Kulturen verschiedener Volksgruppen. Ihre Bambushüte sehen ähnlich aus wie die Hüte der Li- und Jing-Nationalität.

In den kurzen Jacken findet man Spuren von Trachten der Dai-Nationalität und die weiten Hosen sind ähnlich wie die Hosen von Angehörigen der Shui-Nationalität.

Da die Hui'an-Frauen zu Festtagen ihr Haar aufdrehen und es zu einer Art Schmetterlingsfrisur machen, glauben Wissenschaftler, dass die Hui'an-Frauen auch historische Beziehungen mit der Volksgruppe Baiyue haben. Denn Schmetterlinge galten in der antiken Zeit als Kennzeichen dieser Volksgruppe.

Die Hui'an-Frauen heiraten, wenn sie noch sehr jung sind. Viele heiraten schon vor ihrem 20. Lebensjahr. Am Hochzeitstag zieht die Braut schwarze Kleidung oder Phönixkleidung an und trägt einen schwarzen Schirm. Ihre Verwandten und Freunde bringen sie dann zum Haus des Bräutigams. In der Hochzeitsnacht steht die Braut am Bett ihres Mannes bis zum frühen Morgen und kehrt dann zurück zum Haus ihrer Eltern, wenn der Hahn beginnt zu krähen.

Die sorgfältig gemachte Hochzeitsfrisur der Braut ist eine kreative Arbeit, an der fünf bis sechs Frauen mehrere Stunden zu tun haben. Die Frisur garantiert, dass sie in der Hochzeitsnacht nicht mit ihrem Mann schlafen wird. Würde sie nämlich sich hinlegen, dann wäre ihre Frisur in Unordnung und ihre Verwandten und Freunde würden für den Rest ihres Lebens über sie lachen und Scherze machen.

Nach dem Hochzeitstag darf die Braut nur an drei wichtigen Tagen im Jahr im Haus ihres Mannes leben: einen Tag während des Frühlingsfestes, des chinesischen Neujahrsfests, am Qingming-Fest, dem traditionellen Fest zu Ehren der Toten, bei dem die Gräber der Angehörigen aufgesucht werden, und am traditionellen chinesischen Mondfest, dem Fest der Zusammenführung aller Familienmitglieder. Darüber hinaus darf sie auch in der Erntesaison kurz bei ihrem Mann wohnen, bis sie schwanger ist mit ihrem ersten Kind. Glücklicherweise geht diese Sitte heute schon ziemlich im Rahmen der gesellschaftlichen Modernisierung unter.

(http://german.cri.cn/401/2006/05/18/1@48876.htm)

M 6 Frauen in China heute – Radio China international informiert

Der regierungsnahe Sender stellt die rechtliche Lage der Frauen nach der heutigen Verfassung und die positiven Erfolge heraus:

In der chinesischen Verfassung ist festgelegt, dass die Frauen in China gleiche politische Rechte wie die Männer genießen. Das heißt, die Frauen haben gleiches aktives und passives Wahlrecht wie die Männer und auch gleiche Rechte zur Mitwirkung an der Verwaltung von Staatsangelegenheiten sowie zum Antritt der staatlichen offiziellen Ämter. Unter allen Abgeordneten des 10. Chinesischen Nationalen Volkskongresses gibt es 604 Frauen. Dies entspricht einer Proportion von 20,2 % der Gesamtzahl. Davon sind insgesamt 21 in den Ständigen Ausschuss gewählt worden, was 13,2 % unter allen Mitgliedern des Ständigen Ausschusses ausmacht. Unter allen Mitgliedern des 10. Landeskomitees der Politischen Konsultativkonferenz des Chinesischen Volkes gibt es 373 weibliche Mitglieder, was 16,7 % aller Mitglieder ausmacht. Davon sind insgesamt 35 ständige weibliche Mitglieder gewählt worden. Dies entspricht einer Proportion von 11,7 % unter allen ständigen Delegierten. In China ist ein vollständiger Mechanismus zur Heranbildung und Auswahl der Funktionärinnen bereits etabliert worden, um die Proportion der Frauen für Mitwirkung an politischen Aktivitäten zu garantieren, damit sie die umfassenden politischen Rechte genießen können.

(http://german.cri.cn/chinaabc/chapter12/chapter120301.htm)

Im Rahmen der Strategie „Erschließung Westchinas“ haben die Frauen die Aktivität mit dem Motiv „Aufbau der schönen Heimat in Westgebieten“ aktiv entfaltet. Die Aktion „Gefühle für Westchina und gemeinsames Genießen der Mutterliebe“ wird auch ins Leben gerufen. Dabei sind insgesamt Geldsummen von rund 200 Millionen Yuan RMB für Bauen der Wasserkeller gesammelt worden, um das Problem von Wassermangel bei 780 000 Einwohnern in den westlichen Gebieten zu lösen. Zudem wird die Aktivität „Heimat und Umwelt der Frauen“ initiiert und das „Grüne-Projekt des 3. März“ auch tatkräftig gefördert. Der Allchinesische Frauenverband wurde vom UN-Umweltprogramm als [eine von] „500-Top-Gesellschaften weltweit“ ausgezeichnet.
Im Rahmen des „Programms zum Aufbau der Moral der Bürger“ wird der „Plan des Aufbaus der Moral der kleinen chinesischen Bürger“ praktiziert. Dabei wird auch die Bewegung der Lesung der patriotischen Bücher bei Jugendlichen entfaltet.
Die Arbeit zur Vertiefung der Familienbildung mit der Erneuerung der Ideen über Familienbildung als Schwerpunkt wird ebenfalls in Gang gesetzt. In diesem Zusammenhang werden die Kenntnisse über Eugenik verbreitet. Die betreffenden Behörden haben circa 300 000 Elternschulen errichtet. In über 70 % der Kreise (Städte und Gebiete) sind Familienbildungsgesellschaften gegründet, die den meisten Eltern bei der Erhöhung des Familienbildungsniveaus geholfen haben.

(http://german.cri.cn/chinaabc/chapter12/chapter120302.htm)

Unter 350 Millionen Haushalten in China sind die meisten Familien durch selbstständige und legale Ehen auf Basis der Liebe gebildet worden. Die Familienbeziehungen sind von einer Gleichberechtigung und Harmonie geprägt und die Frauen genießen umfassende Personen- und Eigentumsrechte.
Im April 2001 hat der Ständige Ausschuss des Chinesischen Nationalen Volkskongresses das revidierte „Ehegesetz“ erlassen. Nach dem neuen Gesetz sind Doppelehe, Zusammenleben der Verheirateten mit anderen sowie Familiengewalt verboten. Das System der ungültigen Ehe wird hinzugefügt und das System über Eigentumsverhältnisse bei Ehepaaren wird vervollkommnet. Zudem wird das System über Kompensation der Schäden bei der Ehescheidung etabliert und die Sanktionen gegen die Beschädigung der Ehe und Familie werden intensiviert. Damit wird die Position der Frauen in Ehe und Familie in der gegenwärtigen Phase gesetzlich gewahrt.

(http://german.cri.cn/chinaabc/chapter12/chapter120505.htm)

In den letzten Jahren ist der Gesundheitszustand der Frauen in China enorm verbessert worden. Bis 2002 betrug die Gesundheitspflegerate der Wöchnerinnen und Schwangeren in China 86 Prozent. Die Krankenhaus-Aufenthaltsrate der Schwangeren für Geburt ist 78,8 %, 12 Prozentpunkte höher als vor 5 Jahren. Die Sterblichkeitsrate der Wöchnerinnen und Schwangeren ist von 63,6 pro 100000 im Jahre 1997 auf 50,2 pro 100000 im Jahr 2002 gesunken. Die durchschnittliche Lebenserwartung der Frauen beträgt in China 73,6 Jahre, 3,8 Jahre mehr als bei Männern.

Im April 2001 hat der Staatsrat die „Durchführungsmethoden der Volksrepublik China über Gesundheitspflege der Mütter und Säuglinge“ erlassen. Dadurch sind alle Gesundheitspflegedienstleistungen der medizinischen Institutionen für Mütter und Säuglinge weiterhin vervollkommnet worden. Zudem wurde die Untersuchungs- bzw. Behandlungsarbeit der häufig vorkommenden gynäkologischen Krankheiten landesweit kontinuierlich verstärkt. Das Dienstleistungsniveau der Fortpflanzungspflege ist ständig erhöht worden. Bis 2002 gibt es landesweit insgesamt 3067 Gesundheitspflegeanstalten für Mütter und Säuglinge mit 80000 Betten.

Die chinesische Regierung legt großen Wert auf die Vorbeugung und Behandlung von AIDS. In diesem Rahmen ist die „Mittel- und langfristige Planung zur Vorbeugung und Kontrolle von AIDS in China“ (1998–2010) festgelegt worden. Darüber hinaus ist der „Chinesische Aktionsplan zur Eindämmung und Behandlung von AIDS“ (2001–2005) erlassen. Regierungen auf allen Ebenen achten besonders intensiv darauf, dass Frauen und Jugendliche über AIDS und Geschlechtskrankheiten aufgeklärt werden. Die Frauen und Kinder gelten als ein wichtiges Glied der Kontrollarbeit, um eine AIDS-Verbreitung zwischen Müttern und Säuglingen zu verhindern.

(http://german.cri.cn/chinaabc/chapter12/chapter120504.htm)

Textilarbeiterinnen

Frauen in China heute

Eine Wissenschaftlerin in einem Biotechnologie-Labor

Junge Mutter mit Kind

Revolution im Bild – Erziehung durch Plakate

Logo zum 50. Jahrestag der Gründung der KPCh

Alter chinesischer Tradition folgend wurde die Kunst dazu benutzt, um die Bevölkerung richtiges Verhalten zu lehren. Durch Bild, Tanz, Theater und Gesang wurde das Volk mit künstlerischen Mitteln im Sinne der Mächtigen erzogen.

Der Propaganda-Apparat der Kommunisten brauchte sich diese Erfahrung nur zunutze zu machen, um die Ziele der Revolution zu verbreiten. Die Plakate waren überall zu finden und zu kaufen. Sie erreichten dadurch einen hohen Bekanntheits- und Wirkungsgrad. In Büros und Wohnungen, Bahnhöfen und Fabriken, in Städten und Dörfern prägten die Plakate die Denkweise der Menschen. Die besten Künstler des Landes wurden dazu auserwählt, immer neue Aspekte der Revolution darzustellen.

Mit Deng Xiaoping verloren diese Methoden der Propaganda ihre Funktion und gehören heute weitgehend der Vergangenheit an. Maos Revolution wäre ohne diese Bilder aber nicht vorstellbar gewesen. Sie geben darüber hinaus Einblick in die Denkweise der Chinesen und helfen, einen anderen Kulturkreis in seinem Verhalten besser zu verstehen. Diese Annäherung lässt sich durch folgende Fragen aufbauen:

- **Wie werden die Themen der Revolution der Bevölkerung durch das Bildprogramm vermittelt?**
- **Welches Menschenbild und welche Zukunftsvisionen zeigen sich in den Darstellungen der Poster?**

Diesen Themafragen können Sie anhand der ausgewählten politischen Plakate nachgehen, indem Sie sie als Dokumente der staatlich verordneten Kultur interpretieren.

Power-Point-Präsentation: Ideologie im Plakat

Präsentieren Sie die Plakate in Form einer animierten Power-Point-Präsentation. Fügen Sie zu jedem Plakat einen interpretierenden Begleittext hinzu, der dem Betrachter die Kernbotschaft, die Symbolik und bild- bzw. textgestalterischen Elemente sowie bildkritische Anmerkungen vorstellt. Achten Sie auch auf die Adressaten und die dargestellte Situation.

Oder: Plakatwand-Projekt

Arrangieren Sie die Plakate als eine kleine thematische Ausstellung, der Sie entsprechende interpretierende Kommentare hinzufügen.

Tipps zur Vorgehensweise:

- Die Interpretation der Plakate eignet sich für eine arbeitsteilige Vorgehensweise. Formulieren Sie Ihren Begleittext für das jeweilige Plakat.
- Worauf Sie bei der Interpretation Ihres Plakats besonders achten sollten: Bestimmen Sie, wie sich Bild und Text, Mao-Zitate und philosophische Gedanken zueinander verhalten.
  - **M 1:** Stellen Sie die Selbstaussage des Mädchens dem Info-Text zur Kulturrevolution (S. 18) gegenüber, um so die Methoden der Propaganda zu erkennen.
  - **M 2:** Arbeiten Sie die Rolle der Industrie und der Arbeiterschaft im Denken Maos aus M 2 und dem Info-Text (S. 17) heraus.
  - **M 3:** Stellen Sie Maos Kritik am Kapitalismus auf dem Lande dar, indem Sie die Bildaussage interpretieren.
  - **M 4:** Beurteilen Sie das Demokratieverständnis im revolutionären China. Ziehen Sie ergänzend den Info-Text (S. 18f.) hinzu.
  - **M 5:** Erörtern Sie, wie sich Gesellschaft, Wissenschaft, Politik und Wirtschaft durch die Kulturrevolution verändert haben.

MATERIALIEN

M 1a Das Mädchen auf dem Poster

Das Poster wurde 1974 von Mo Shuzi gemalt und erschien im Volksverlag Jiangsu. Der Text zitiert Mao: „Revolutionäre Bücher lesen, von Revolutionären lernen und Erbe der Revolution werden."

M 1b Anchee Min

Anchee Min, die den folgenden Text geschrieben hat (Kalifornien, 2003), wurde Revolutionärin, arbeitete in einem Arbeitslager am ostchinesischen Meer und wurde dort als Model für Plakatmaler im Kulturinstitut von Shanghai entdeckt.

Anchee Min, 1976

Als Kind wollte ich das Mädchen auf dem Poster sein. Tag für Tag kleidete ich mich wie dieses Mädchen, trug ein weißes Baumwollhemd, ein rotes Tuch um den Hals und Zöpfe wie sie. Es gefiel mir, dass sie von den Märtyrern der Revolution umgeben war, zu deren Verehrung man mich seit dem Kindergarten angehalten hatte. Ganz rechts war Liu Hulan zu sehen, eine Jugendliche, die von den Nationalisten geköpft worden war, weil sie ihrem Glauben an den Kommunismus nicht abschwören wollte. Der Soldat über ihr war Huang Jiguang, der sich im Koreakrieg mit seiner Brust in das Maschinengewehrfeuer der Amerikaner stellte. Der Mann neben ihm war Dong Chunrui, der mit Sprengstoff am eigenen Körper eine feindliche Brücke in die Luft fliegen ließ. Der Soldat ganz links war Cai Yong-xiang, der von einem Zug überfahren wurde, als er anderen das Leben rettete. Das Buch, das das Mädchen auf dem Poster in den Händen hält, Geschichten von Lei Feng, handelt von einem Soldaten, der als Lastwagenfahrer ums Leben kam, als er andere schützte.

Meine Leidenschaft für die Plakate wurde geweckt, als ich acht Jahre alt war. Eines Tages brachte ich ein Bild des Vorsitzenden Mao aus der Schule mit nach Hause. Obwohl ich nicht wusste, dass die Kulturrevolution begonnen hatte, nahm ich durch diese Handlung daran teil – ich nahm das „Frieden und Glück"-Gemälde meiner Mutter mit Kindern, die in einem Lotus-Teich spielen, von der Wand und ersetzte es durch das Mao-Poster. Meiner Mutter gefiel das nicht, doch sie versuchte ihre Enttäuschung zu verbergen. Ich erinnere mich noch, wie ich damals dachte: Warum freut sie sich nicht, dass Mao bei jeder Mahlzeit auf uns herabblickt, wo doch andere von Mao nie genug bekommen können? Die Plakate hatten einen großen Einfluss auf mein Leben. Sie lehrten mich, selbstlos zu sein und Mao und dem Kommunismus treu ergeben. Um mich Mao näher zu fühlen, hängte ich weitere Poster in der Wohnung auf. Vor dem Einschlafen und beim Aufwachen schaute ich auf Mao. Wenn ich etwas Geld gespart hatte, ging ich in die Buchhandlung und kaufte mir neue Mao-Bilder.

(Anchee Min u. a., Chinese Propaganda Posters, Köln (Taschen) 2003, S. 4ff., übers. v. Jie Zhao)

M 2 Strahlender Weg, glänzende Zukunft

Unter dem Transparent: „Auf der revolutionären Linie des Vorsitzenden Mao triumphierend vorwärts schreiten" stellt die Kunst-Arbeitsgruppe der Arbeiter beim Amt für Maschinenbau und Elektronik Shanghai sich selbst zusammen mit Mao Zedong dar.

(Anchee Min u. a., Chinese Propaganda Posters, Köln (Taschen) 2003, S. 35)

M 3 Ein Unterrichtsthema für die Grundschule

Das Poster entstand 1976.
Der Junge schreibt an die Tafel:
„Warum sagt Lenin, man müsse der Frage der Diktatur des Kapitalismus auf den Grund gehen? Weil die Umwandlung in den Revisionismus stattfinden würde, wenn man dieser Frage nicht auf den Grund geht. Das ganze Land muss sich damit befassen."

(Anchee Min u. a., Chinese Propaganda Posters, Köln (Taschen) 2003, S. 39)

M 4 Erinnerung eines Straßenreinigers

Zum Tod des Premierministers Zhou Enlai am 8.1.1976 entstand dieses Plakat für das Lehrbuch Chinesisch (Band 3) für Grundschulen, gemalt von Lu Cheng und Si Cong im Januar 1977.
Die Meditation des Straßenreinigers unten links heißt:
„In jener stillen Nacht hielt Premierminister Zhou meine Hand und sagte: ‚Genosse, das Volk bedankt sich für deine Mühe!' Ein warmer Strom floss durch mein Herz und meine Augen wurden feucht. Lieber Premierminister, in wie vielen solchen stillen Nächten haben Sie für wichtige Angelegenheiten des Landes durchgearbeitet? Stets kümmerten Sie sich um die Belange des Volkes. Lieber Premierminister, wer sagt, Sie seien fort? Sie sind nicht von uns gegangen. Der Premierminister des Volkes glänzt auf ewig wie Sonne und Mond; die Erinnerung des Volkes existiert so lange wie Himmel und Erde."

(Anchee Min u. a., Chinese Propaganda Posters, Köln (Taschen) 2003, S. 152)

M 5 Neue Keimlinge züchten

Qiu Jianpin von der Brigade Xiulong der Kommune Zhouxi im Kreis Nanhui malte dieses Plakat, erschienen im Volksverlag Shanghai 1975.

(Anchee Min u. a., Chinese Propaganda Posters, Köln (Taschen) 2003, S. 215)

Nixon in China – Globale Rivalen kämpfen um die öffentliche Meinung

Februar 1972, ein weltpolitisch bedeutsames Datum: Zum ersten Mal trafen der US-amerikanische und der chinesische Staatspräsident aufeinander und vereinbarten, sich wieder zu treffen. Hinter dieser harmlosen Geste ist zu bedenken:

- Die USA waren dabei, den Vietnamkrieg zu verlieren und damit ihre Rolle als Supermacht zu verspielen.
- Offizielle Gespräche des Westens mit einer kommunistischen Führungsmacht hatten in der Zeit des Kalten Krieges noch etwas Sensationelles an sich.
- Die USA betrachteten in dieser wesentlichen Frage nicht die Sowjetunion, sondern neuerdings China als ihren angemessenen Gesprächspartner.
- Das China Mao Zedongs hatte die Supermacht USA zu Gast im eigenen Land und gewann so an Strahlkraft für die Länder, die einen sozialistischen, aber nicht unbedingt sowjetischen Weg gehen wollten; auch im Inneren konnte Mao nach den Opfern der Kulturrevolution gewaltig an Ansehen gewinnen.
- China konnte auf Unterstützung der USA für den Sitz der Volksrepublik bei den Vereinten Nationen rechnen.

Unabhängig von dem konkreten Nutzen des Staatsbesuchs für die USA ist der Nixon-Besuch in China ein Lehrstück der Außenpolitik der Nachkriegsjahre des vorigen Jahrhunderts.

- **Hat die politische Ideologie bei den internationalen Beziehungen in diesem Fall eine andere Funktion erhalten als im frühen 20. Jahrhundert?**
- **Vergleicht man das wirkliche Ereignis und seine mediale Bedeutung, ergibt sich auch die Frage, wie die öffentliche Meinung beeinflusst wird.**
- **Wodurch wird die weltpolitische Rolle Chinas eigentlich definiert?**

Diesen Fragen können Sie mithilfe der ausgewählten Materialien nachgehen.

Erörtern Sie diese Fragestellungen in einer von einer Mitschülerin oder einem Mitschüler moderierten **Diskussionsrunde** in der gesamten Kursgruppe.

Vorschläge, um sich Sachwissen und Argumente zur Thematik zu erarbeiten:

Orientieren Sie sich bei der Analyse und Interpretation der Materialien M 1 – M 5 an der Methode einer Konfiktanalyse (Konfliktparteien, Konfliktgegenstand, Konfliktursachen/-anlass, Konfliktverlauf, Ideologien/Interessen und Ziele, Recht und Macht, Mittel und Strategien, Öffentlichkeit, Kommunikation, Konfliktlösung).

Für Ihre Konfliktanalyse erfahren Sie aus M 1 ansatzweise die öffentliche Wirkung des Besuches, wenn Sie bedenken, welche Bilder wie vermittelt wurden.

Die jeweilige Position der amerikanischen und der chinesischen Seite können Sie anhand der Materialien M 2 und M 4 erarbeiten. Hilfreich ist dazu auch die ergänzende Lektüre des Info-Textes (S. 18 u./19 o.).

Am Material M 3 lässt sich unter anderem Nixons strategisches Denken herausarbeiten.

Durch die fachgerechte Untersuchung des zentralen Dokuments M 5 (Shanghai-Communiqué) lassen sich die Ergebnisse der diplomatischen Bemühungen zusammenstellen.

➧ **Tipp:** Notieren Sie Ihre Arbeitsergebnisse auf Karteikarten. Damit haben Sie eine gute Grundlage für die Diskussion.

MATERIALIEN

M 1 Der Nixon-Besuch in Bildern

Mao begrüßt Nixon.

Nixon wird von Premierminister Zhou Enlai auf dem Flughafen Peking begrüßt.

US-Außenminister Kissinger, Zhou Enlai und Mao Zedong

Nixon wird die Tochter Zhou Enlais vorgestellt.

Die Präsidentengattin trifft auf eine Schülerin.

Ehepaar Nixon, Zhou Enlai und die Dolmetscherin

Die Nixons besuchen in Begleitung die chinesische Mauer.

Die Gesprächsrunde: Zhou Enlai, Mao, Nixon, Kissinger

Besuch der Peking-Oper: die Gäste

Eine Szene aus der Peking-Oper „Das rote Frauenbataillon“

Nixon und Maos Gattin Jiang Qing

M 2 **Trinkspruch des US-Präsidenten und des Premierministers Zhou Enlai beim Bankett zu Ehren Chinas in der Großen Halle des Volkes in Peking (25. Februar 1972)**

Nixon:

Herr Premierminister und unsere hoch geschätzten Gäste der Volksrepublik China und der Vereinigten Staaten von Amerika!48

Es ist eine große Ehre, dass wir als Gäste in Ihrem Land Sie und die Chinesen, die hier heute anwesend sind, willkommen heißen dürfen.

Im Namen von meiner Frau und allen Mitgliedern unserer Delegation möchte ich unsere tiefe Anerkennung für die ungehinderte und herzliche Gastfreundschaft aussprechen, die Sie für uns zur Geltung bringen.

Wie Sie wissen, ist es in unserem Lande üblich, dass die Vertreter der Presse das Recht haben, für sich selbst zu sprechen und dass niemand in der Regierung für sie sprechen kann. Aber ich bin sicher, dass alle Vertreter der amerikanischen Presse, die heute hier sind, mir das seltene Privileg, für die Presse zu sprechen, verzeihen werden, wenn ich ihre Wertschätzung für Sie und Ihre Regierung zum Ausdruck bringe für die vielen Freundlichkeiten, die Sie ihnen gewährt haben.

Sie haben es möglich gemacht, dass die Geschichte dieses historischen Besuchs von mehr Menschen zu lesen, zu sehen und zu hören ist als bei allen früheren Gelegenheiten.

Gestern sahen wir zusammen mit Hunderten Millionen Fernsehzuschauern etwas, das wahrlich eines der Weltwunder ist, die Große Mauer. Als ich über die Mauer ging, dachte ich an die Opfer, die beim Bau zu beklagen waren. Ich dachte daran, was sie über die Bestimmung des chinesischen Volkes aussagt, seine Unabhängigkeit im Verlauf seiner langen Geschichte zu erstreiten. Ich dachte darüber nach, dass die Mauer uns sagt, dass China eine große Geschichte hat und dass das Volk, das dieses Weltwunder baute, auch eine große Zukunft haben wird.

Die Große Mauer ist nicht mehr eine Mauer, die China vom Rest der Welt trennt, sondern sie ist eine Erinnerung an die Tatsache, dass es noch viele Mauern in der Welt gibt, die Staaten und Völker trennen.

Die Große Mauer ist auch eine Erinnerung daran, dass für fast eine Generation eine Mauer zwischen der Volksrepublik China und den Vereinigten Staaten von Amerika bestanden hat.

In diesen vergangenen vier Tagen haben wir den langen Prozess begonnen, diese Mauer zwischen uns einzureißen. Wir begannen unsere Gespräche damit, dass wir feststellten, dass wir große Unterschiede haben; aber wir sind entschlossen, dass diese Unterschiede uns nicht davon abhalten sollen, zusammen in Frieden zu leben.

Sie vertrauen fest auf Ihr System und wir vertrauen fest auf unser System. Es ist nicht unsere gemeinsame Werthaltung, die uns hier zusammengebracht hat, sondern unsere gemeinsamen Interessen und unsere gemeinsamen Hoffnungen: das Interesse, das jeder von uns hat, unsere Unabhängigkeit zu erhalten und die Sicherheit unserer Völker und die Hoffnung, dass jeder von uns eine neue Weltordnung bauen muss, in der Nationen und Völker mit unterschiedlichen Systemen und unterschiedlichen Werten zusammen in Frieden leben können, in gegenseitigem Respekt bei bestehenden Meinungsverschiedenheiten, wobei eher die Geschichte als das Schlachtfeld der Richter über die unterschiedlichen Ideen sein soll.

Herr Premierminister, Sie haben bemerkt, dass das Flugzeug, das uns hierher gebracht hat, „Spirit of 76“ heißt. Gerade in dieser Woche haben wir den Geburtstag von George Washington, unserem Gründungsvater, gefeiert, der Amerika in unserer Revolution zur Unabhängigkeit geführt hat und uns als erster Präsident diente.

Er grüßte seine Landsleute am Ende seiner Amtszeit mit den Worten: „Bewahrt gutes Vertrauen und Gerechtigkeit gegen alle Nationen. Pflegt Frieden und Harmonie mit allen.“ In diesem Geist, dem Geist von 76, bitte ich das Glas zu erheben und anzustoßen auf das Wohl des Vorsitzenden Mao, des Premierministers Zhou, der Völker unserer beiden Länder und für die Hoffnung unserer Kinder, dass Frieden und Harmonie das Geschenk unserer Generation an die ihre sein kann.

Zhou Enlai:

Herr Präsident und Frau Nixon, meine Damen und Herren, Genossen und Freunde!

Zuerst, im Namen aller meiner chinesischen Mitarbeiter und in meinem eigenen Namen, möchte ich dem Präsidenten und seiner Frau meinen Dank aussprechen, dass Sie uns zu diesem Bankett eingeladen haben.

Der Präsident und seine Delegation werden Peking morgen verlassen, um die südlichen Regionen Chinas zu besuchen. In den vergangenen wenigen Tagen traf Präsident Nixon mit dem Vorsitzenden Mao Zedong zusammen und unsere beiden Seiten hatten eine Menge weiterer Gespräche, in denen wir unsere Sichtweisen der Normalisierung der Beziehungen zwischen China und den Vereinigten Staaten und über andere Fragen, die uns beide betreffen, austauschten.

Es gibt große Unterschiede in den Grundsätzen unserer beiden Seiten. Durch ernsthafte und freimütige Gespräche wurde eine deutlichere Kenntnis der jeweiligen Position und Standpunkte erreicht. Das war nützlich für beide Seiten.

Die Zeit geht voran und die Welt ändert sich. Wir sind tief davon überzeugt, dass die Kraft des Volkes mächtig ist und dass bei allem Hin und Her und allen Rückschlägen, die es in der Entwicklung der Geschichte geben mag, die allgemeine Entwicklung der Welt definitiv zum Licht und nicht zur Finsternis führen wird.

Es ist der gemeinsame Wunsch des chinesischen und amerikanischen Volkes, ihr gegenseitiges Verständnis und die Freundschaft zu vertiefen und die Normalisierung der Beziehungen zwischen China und den Vereinigten Staaten voranzutreiben. Die chinesische Regierung und das Volk wollen unverbrüchlich an diesem Ziel arbeiten.

Ich möchte nun auf das große amerikanische Volk, das große chinesische Volk, auf die Freundschaft zwischen dem chinesischen und amerikanischen Volk, auf das Wohl von Präsident Nixon und Frau Nixon und auf das Wohl aller anwesenden amerikanischen Gäste anstoßen.

(Zit. nach: http://www.presidency-ucsb.edu/ws/?pid=3751)

M 3 Präsident Nixon legt die Verhandlungslinie fest

Nixon bereitete seinen China-Besuch sorgfältig vor. Nach genauem Quellenstudium legte er folgende Marschroute fest:

Was sie wollen:

1. Ihr Ansehen in der Welt stärken

2. Taiwan
3. USA aus Asien fernhalten

Was wir wollen:

1. Indochina (?)
2. Zusammenarbeit – um die chinesische Expansion in Asien zu stoppen
3. In Zukunft: den Konfrontationsdruck durch die chinesische Supermacht bremsen

Was wir beide wollen:

1. die Gefahr von Konfrontation und Konflikt reduzieren
2. ein stabileres Asien
3. ein Zurückdrängen der Sowjetunion

Am 23.2.1972 ergänzte er:

Taiwan – Vietnam = Verhandlungsblockade

1. Ihr Volk erwartet eine Aktion wegen Taiwan.
2. Unser Volk erwartet eine Aktion wegen Vietnam.

Keiner kann unmittelbar handeln – aber beide sind unvermeidlich.

Lassen wir keinen den anderen behindern.

(Zit. nach: Margaret Macmillan, Nixon and Mao, New York (Random House) 2007, S. 234 u. S. 245)

M 4 Die Meinung des chinesischen Außenministeriums (17.11.2000)

Gegen Ende der 1960er-Jahre wollte Präsident Nixon nach seinem Eintritt in das Weiße Haus die chinesisch-amerikanischen Beziehungen verbessern, um das Gewicht der amerikanischen Außenpolitik bei der „Erhaltung des globalen Gleichgewichts" zu stärken. Er betonte, dass die amerikanische Asienpolitik in eine Sackgasse geraten sei und brachte wiederholt seinen Wunsch zum Ausdruck, in Richtung einer chinesisch-amerikanischen Annäherung zu gelangen und über Pakistan und Rumänien die Initiative zu ergreifen, eine Botschaft an China zu senden.

In den frühen 1970er-Jahren gingen der Vorsitzende Mao Zedong und Premierminister Zhou Enlai davon aus, mit strategischen Überlegungen die großen Dreiecksbeziehungen zwischen China, den Vereinigten Staaten und der Sowjetunion auszutarieren. Diese Signale bedeuteten, der amerikanische Schriftsteller Edgar Snow möge den Wunsch weiterreichen oder das amerikanische Tischtennis-Team sei zu einem Chinabesuch einzuladen – mit dem Effekt, dass China den Kontakt zu den USA will und ein Tauwetter in den chinesisch-amerikanischen Beziehungen hervorrufen möchte.

Am 21. April sandte die chinesische Regierung eine Verbalnote an die US-Regierung, dass sie auf den amerikanischen Vorschlag, einen hochrangigen Dialog zwischen beiden Seiten zu führen, eingingen: „Wenn die Beziehungen zwischen China und den USA grundlegend wiederhergestellt werden sollen, müssen die USA all ihre Truppen zurückziehen von Chinas Taiwan und dem Sperrgürtel um Taiwan. Eine Lösung dieser zentralen Frage kann nur durch direkte Gespräche gefunden werden zwischen hochgestellten verantwortlichen Personen von beiden Ländern. Deshalb bekräftigt die chinesische Regierung nochmals ihre Bereitschaft, öffentlich in Peking eine Grußbotschaft des amerikanischen Präsidenten oder seines Vertreters anzunehmen".

In seiner Antwort von Mitte Mai sagte Präsident Nixon, um die Probleme zu lösen, die beide Länder trennen, und wegen der Wichtigkeit, die er den bilateralen Beziehungen beimisst, sei er bereit, Peking zu besuchen und direkte Gespräche mit den Führern der Volksrepublik China zu führen, und schlug ein vorbereitendes Geheimtreffen zwischen Kissinger und einem hochrangigen Beamten in China vor.

China stimmte einem solchen Vorschlag zu, der Kissinger vom 9. bis 11. Juli 1971 zu einem Geheimbesuch nach China führte. Die beiden Seiten erörterten die internationale Situation und die chinesisch-amerikanischen Beziehungen und erreichten Übereinstimmung für einen Besuch von Präsident Nixon in China. In einer Mitteilung vom 16. Juli hieß es: „Da ich den ausdrücklichen Wunsch von Präsident Nixon kenne, die Volksrepublik China zu besuchen, hat Premierminister Zhou Enlai im Namen der Regierung der Volksrepublik China eine Einladung an Präsident Nixon ausgesprochen, China an einem zu vereinbarenden Termin vor dem Mai 1972 zu besuchen. Präsident Nixon hat die Einladung mit Vergnügen angenommen. [...]

(Zit. nach: http://www.fmprc.gov.cn/eng/ziliao/3602/3604/t18006.htm)

M 5 Das Shanghai-Communiqué (28. Februar 1972)

Richard Nixon, Präsident der Vereinigten Staaten von Amerika, besuchte die Volksrepublik China auf Einladung des Premierministers der Volksrepublik China, Zhou Enlai, vom 21. bis 28. Februar 1972. Den Präsidenten begleitete seine Frau, der US-Staatssekretär William Rogers, Sicherheitsberater Dr. Henry Kissinger und andere amerikanische Beamte.

Präsident Nixon traf mit Mao Zedong, dem Vorsitzenden der Kommunistischen Partei Chinas, am

21. Februar zusammen. Die beiden Chefs hatten ernsthafte und offene Gespräche und tauschten die Sichtweisen über die chinesisch-amerikanischen Beziehungen und weltpolitische Fragen aus.
Während des Besuchs gab es ausgiebige, ernsthafte und offene Gespräche zwischen Präsident Nixon und Premierminister Zhou Enlai über die Normalisierung der Beziehungen zwischen den Vereinigten Staaten von Amerika und der Volksrepublik China sowie über andere Themen, die beide Seiten interessierten. Darüber hinaus hielten Außenminister William Rogers und Außenminister Chi Peng-fei Gespräche in demselben Geist.
Präsident Nixon und seine Delegation besuchten Peking und sahen kulturelle, industrielle und landwirtschaftliche Plätze, und sie besuchten auch Hangchow und Shanghai, wo weitere Gespräche mit den chinesischen Führern stattfanden, die ähnliche Plätze von beiderseitigem Interesse besichtigten.
Die Regierungschefs der Volksrepublik China und der Vereinigten Staaten von Amerika begrüßten es sehr, diese Gelegenheit zu haben, nach so vielen Jahren ohne Kontakt einander frei die Sichtweisen auf verschiedene Themen darzustellen. Sie erörterten die internationale Situation, in der bedeutende Veränderungen und große Umwälzungen stattfinden, und erörterten ausführlich ihre jeweiligen Positionen und Haltungen.
Die amerikanische Seite legte dar: Frieden in Asien und Frieden in der Welt verlangt Anstrengungen sowohl um die konkreten Spannungen zu vermindern als auch um die grundlegenden Ursachen des Konflikts zu beseitigen. Die Vereinigten Staaten wollen für einen gerechten und sicheren Frieden arbeiten: gerecht, weil er die Erwartungen der Völker und Nationen auf Freiheit und Fortschritt erfüllt; sicher, weil er die Gefahr ausländischer Aggression beseitigt. Die Vereinigten Staaten unterstützen individuelle Freiheit und sozialen Fortschritt für alle Völker in der Welt, frei von äußerem Druck oder Intervention. Die Vereinigten Staaten glauben, dass die Anstrengungen zur Reduktion von Spannungen durch die Verbesserung der Kommunikation zwischen den Ländern unterschiedlicher Ideologie vorangebracht werden können, um die Risiken der Konfrontation aus Versehen, falscher Berechnung oder Missverständnis zu verringern. Die Länder sollten einander mit gegenseitigem Respekt begegnen und bereit sein, friedlich miteinander in Wettbewerb zu treten. Kein Land sollte Unfehlbarkeit behaupten und jedes Land sollte darauf vorbereitet sein, seine eigenen Überzeugungen vom Gemeinwohl zu überdenken. Die Vereinigten Staaten betonten, dass die Völker von Indochina ihr Schicksal selbst bestimmen dürfen sollten, frei von äußerer Einmischung. Ihr dauerhaftes Hauptziel war eine Verhandlungslösung. Das Acht-Punkte-Programm, das die Republik von Vietnam und die Vereinigten Staaten am 27. Januar 1972 verabschiedet haben, stellt die Grundlage dar, um dieses Ziel zu erreichen. Sollte es zu keiner Verhandlungslösung kommen, erwägen die Vereinigten Staaten den endgültigen Rückzug aller US-Truppen aus der Region entsprechend dem Ziel der Selbstbestimmung für jedes Land in Indochina. Die Vereinigten Staaten wollen ihre enge Verbindung und Unterstützung für die Republik Korea erhalten. Sie wollen die Anstrengungen der Republik Korea für eine Entspannung und verbesserte Kommunikation auf der koreanischen Halbinsel unterstützen. Die Vereinigten Staaten legen den größten Wert auf ihre freundschaftlichen Beziehungen zu Japan. Sie werden fortgeführt, um die vorhandenen engen Bande weiterzuentwickeln. In Übereinstimmung mit der Resolution des Sicherheitsrats der Vereinten Nationen vom 21. Dezember 1971 wünschen die Vereinigten Staaten die Fortdauer des Waffenstillstands zwischen Indien und Pakistan und den Rückzug aller Militäreinheiten in ihre eigenen Gebiete und auf die eigene Seite der Waffenstillstandslinie in Jammu und Kashmir. Die Vereinigten Staaten unterstützen das Recht der Völker in Südasien, ihre eigene Zukunft in Frieden zu gestalten, frei von militärischer Bedrohung und ohne dass die Region zum Spielball der Rivalitäten der Großmächte wird.
Die chinesische Seite erklärte: Wo Unterdrückung ist, da ist auch Widerstand. Länder wollen Unabhängigkeit, Nationen wollen Befreiung und das Volk will die Revolution – das ist der unbestreitbare Trend der Geschichte geworden. Alle Nationen, ob groß oder klein, sollten gleich sein; große Nationen sollten nicht die kleinen schlucken und starke Nationen nicht die schwachen. China will niemals eine Supermacht werden und stellt sich der Hegemonie und jeder Art Machtpolitik entgegen. Die chinesische Seite erklärt, dass sie entschieden den Kampf aller unterdrückten Völker und Nationen um Freiheit und Befreiung unterstützt und dass die Völker aller Nationen das Recht haben, ihre sozialen Systeme gemäß ihren eigenen Wünschen zu wählen, und das Recht haben, ihre Unabhängigkeit, Souveränität und territoriale Integrität ihrer eigenen Länder zu schützen und sich fremder Aggression, Einmischung, Kontrolle und Unterwanderung zu widersetzen. Alle ausländischen Truppen sollten sich in ihre eigenen Länder zurückziehen.

Die chinesische Seite brachte ihren entschiedenen Willen, die Völker in Vietnam, Laos und Kambodscha bei ihren Anstrengungen, ihre Ziele zu erreichen und das Sieben-Punkte-Programm der provisorischen revolutionären Regierung der Republik Südvietnam zu unterstützen, zum Ausdruck. Auch die Erarbeitung der zwei Schlüsselfragen in dem Papier vom Februar diesen Jahres und die gemeinsame Erklärung der Gipfelkonferenz der Völker Indochinas werden unterstützt. Ebenso das Acht-Punkte-Programm zur friedlichen Wiedervereinigung Koreas, das von der Regierung der Volksrepublik Korea am 12. April 1971 beschlossen wurde, und der Beschluss der UN-Kommission für die Vereinigung und den Wiederaufbau Koreas zur Abrüstung. China tritt dem Aufleben und der weiteren Expansion des japanischen Militarismus entschieden entgegen und unterstützt den Wunsch des japanischen Volkes, ein unabhängiges, demokratisches, friedliches und neutrales Japan aufzubauen. China teilt die Ansicht, dass Indien und Pakistan in Übereinstimmung mit den Resolutionen der Vereinten Nationen über die Indien-Pakistan-Frage unverzüglich alle ihre Truppen in ihre eigenen Gebiete zurückziehen sollten und auf ihre jeweilige Seite der Waffenstillstandslinie von Jammu und Kashmir und unterstützt die Regierung von Pakistan und das Volk in seinem Kampf, Unabhängigkeit und Souveränität zu bewahren, sowie die Völker von Jammu und Kashmir in ihrem Kampf für das Recht auf Selbstbestimmung.

Es gibt wesentliche Unterschiede zwischen China und den Vereinigten Staaten in ihren sozialen Systemen und ihrer Außenpolitik. Dennoch stimmten beide Länder unabhängig von ihrer Gesellschaftsordnung darin überein, ihre Beziehungen auf den Grundlagen des Respekts für die Souveränität und territoriale Integrität aller Staaten zu entwickeln, ohne Aggression gegen andere Staaten oder die Einmischung in die inneren Angelegenheiten anderer Staaten, in Gleichberechtigung und gegenseitiger Unterstützung und friedlicher Koexistenz. Internationale Streitigkeiten sollten auf dieser Grundlage beigelegt werden, ohne auf den Gebrauch oder die Androhung von Waffengewalt zurückzugreifen. Die Vereinigten Staaten und die Volksrepublik China sind darauf vorbereitet, diese Grundsätze den gegenseitigen Beziehungen zugrunde zu legen. [...]

(Zit. nach: Margaret Macmillan, Nixon and Mao, New York (Random House) 2007, S. 341–343)

Was geschah am 4. Juni 1989 auf dem Tiananmen-Platz wirklich?

Im Sommer 1989 wurde auf dem „Platz des himmlischen Friedens" (Tiananmen-Platz) in Peking eine große Demonstration von Studenten blutig niedergeschlagen. Seit diesem Ereignis werden westliche Politiker, die China bereisen, nicht müde, Respekt vor den Menschenrechten zu fordern, damit solche Aktionen sich nicht wiederholen. Die chinesische Seite ist zumeist darüber verärgert, weil sie eine ganz andere Sicht der Vorgänge im Sommer 1989 hat. Die Meinungen über dieses Ereignis gehen also sehr weit auseinander. Die Bewertung jener Tage spielt eine entscheidende Rolle für die Entwicklung der außenpolitischen Beziehungen zu Europa und den USA.

Die Analyse der Ereignisse vom 4. Juni 1989 wirft Fragen auf:

- **War es das Ziel der Studentendemonstrationen, allgemeine Menschenrechte durchzusetzen?**
- **Individuelle oder kollektive Menschenrechte: Wie ist die Position des Politbüros in dieser Frage zu beurteilen?**
- **Welchen Stellenwert hat die Menschenrechtsbewegung und -diskussion in China für die Regierung und für die Öffentlichkeit?**

Stellen Sie Ihre Antworten in folien- oder plakatgestützten **Kurzreferaten** vor und diskutieren Sie Ihre Einschätzungen im Kursgespräch.

So könnten Sie vorgehen, um tragfähige Antworten zu formulieren:

1. Skizzieren Sie auf der Grundlage von M 1 die Chronologie der Ereignisse im Frühsommer 1989.
2. Analysieren Sie den Textauszug M 2, indem Sie die Schritte zum systematischen Umgang mit Sekundärliteratur (s. methodische Hinweise S. 75 f.) anwenden.
   Erläutern Sie auf der Grundlage Ihrer Analyseergebnisse und unter Einbeziehung der politischen Entwicklung Chinas nach Deng Xiaoping (s. Info-Text S. 20 f.) sowie der Veränderungen in der Sowjetunion (**Tipp:** Schulbuch- oder Internetrecherche) das Verhalten der chinesischen Kommunisten und das der Studenten.
3. Interpretieren Sie mit Blick auf die Leitfragen die Quellen M 3, M 4 und M 5 unter Anwendung der Basismethode „Sprachliche historische Quellen interpretieren" (s. S. 72 ff.).
4. Visualisieren Sie Ihre Arbeitsergebnisse und formulieren Sie Ihre Einschätzungen zu den drei Leitfragen.

Der Tiananmen-Platz in Peking am 4. Juni 1989

MATERIALIEN

M 1 Chronologie der Ereignisse 1989

15. April
Der ehemalige Generalsekretär der KPCh, Hu Yaobang, 1987 abgesetzt, stirbt nach einem Herzanfall. Demonstranten versammeln sich auf dem Tiananmen-Platz, um Hus zu gedenken und ihre Unzufriedenheit auszudrücken.

22. April
Die offizielle Totenfeier für Hu Yaobang findet in der Großen Halle des Volkes statt. Drei Studenten wollen mit Premierminister Li Peng sprechen und ihm eine Petition überreichen auf den Stufen der Großen Halle vor den Augen der 100 000 Studenten, die sich in der Nacht zuvor auf dem Platz versammelt hatten. Li Peng antwortet ihnen nicht; die Studenten weigern sich aber, niederen Beamten die Petition zu übergeben. Verärgert über die offizielle Apathie beginnen die Studenten den Boykott.

13. Mai
Einige hundert Studenten beginnen am Nachmittag auf dem Tiananmen-Platz einen Hungerstreik.

14. Mai
Zweiter Tag des Hungerstreiks. Nachmittags beginnen ausgewählte Studenten, die für den Dialog mit der Regierung legitimiert wurden, offizielle Gespräche mit der Regierung. Die Gespräche werden abgebrochen, weil die versprochene Rundfunkübertragung nicht stattfindet. Am frühen Abend veröffentlichen zwölf von Chinas bekanntesten Schriftstellern und Wissenschaftlern auf dem Platz ihren Dringlichkeitsappell, in dem sie die Regierung auffordern, die Bewegung als eine patriotische Demokratiebewegung anzuerkennen, und die Studenten auffordern, ihren Hungerstreik zu beenden. Die Bemühungen scheitern.

15. Mai
Dritter Tag des Hungerstreiks. Der sowjetische Staatspräsident Michail Gorbatschow trifft in Peking zum ersten chinesisch-sowjetischen Gipfeltreffen seit 1959 ein. Die Regierung verwirft den Plan, Gorbatschow auf dem Tiananmen-Platz zu begrüßen.

18. Mai
Sechster Tag des Hungerstreiks. Li Peng empfängt einige Studentenführer zu einem Fernsehgespräch in der Großen Halle des Volkes. Nichts wird erreicht. Die Regierung bereitet die Verkündung des Kriegsrechts vor.

19. Mai
Siebenter Tag des Hungerstreiks. Der Plan der Regierung, das Kriegsrecht anzuwenden, wird den Studentenführern mitgeteilt, die den Hungerstreik beenden und ein Massen-Sit-in verkünden. Die Unabhängige Arbeiterunion (IWU) wird auf dem Tiananmen-Platz ausgerufen. In einer abendlichen Ansprache spricht Premierminister Li Peng von „starken und entschlossenen Maßnahmen, um den Aufruhr schnell zu beenden."

20. Mai
Die Regierung erklärt förmlich das Kriegsrecht in Peking, aber der Vormarsch der Truppen zur Innenstadt wird von einer großen Zahl von Studenten und Bürgern blockiert.

23. Mai
Die Truppen ziehen sich in die Vororte Pekings zurück. Die Allianz zum Schutz der Verfassung wird eingesetzt, um die Aktionen der verschiedenen aufständischen Gruppen zu koordinieren.

30. Mai
Die zehn Meter hohe Statue „Göttin der Demokratie" wird enthüllt.

2. Juni
Um 17 Uhr beginnen Liu Xiaobo, Hou Dejian, Zhou Duo und Gao Xin einen Hungerstreik auf dem Tiananmen-Platz.

3. Juni
Die Truppen erhalten den Befehl, den Tiananmen-Platz auf jeden Fall zu räumen. Gegen 22 Uhr eröffnen die Soldaten das Feuer auf die Bevölkerung, die den Vormarsch der Truppen zu behindern versucht, und auf die, die nur gegen die Truppen anschreien. Panzer und bewaffnete Fahrzeuge rücken gegen das

Stadtzentrum vor. Viele Menschen auf den Straßen werden getötet oder verwundet, auch Passanten.

4. Juni
Gegen 1 Uhr früh sperren die Truppen den Tiananmen-Platz ab und warten weitere Befehle ab. Gegen 4 Uhr früh verhandeln die vier Hungerstreikenden mit den Truppen, um den Studenten zu ermöglichen, den Platz zu verlassen. Gegen 5 Uhr verlassen einige tausend Studenten, ihre Lehrer und Sympathisanten den Platz an einem Kontrollpunkt.

9. Juni
Deng Xiaoping spricht in einem landesweit ausgestrahlten Fernsehauftritt zu den Kommandeuren der Einsatztruppen.

M 2 Ein Politologe über die Protestbewegung von 1989

Sebastian Heilmann ist Professor für Politikwissenschaft an der Universität Trier und schrieb diesen Artikel für die Frankfurter Allgemeine Zeitung vom 4.6.1999.

[...] Die Programmatik der Bewegung war von Beginn an schwer greifbar. Einig waren sich alle beteiligten Gruppen im Protest gegen Kaderwillkür und Rechtlosigkeit sowie gegen nachteilige Folgeerscheinungen der Wirtschaftsreformen wie insbesondere Inflation und Korruption. Ein zusammenhängendes Programm zur Ablösung der Parteidiktatur und zur Demokratisierung Chinas aber ließ sich nicht erkennen. Einer der Studentenführer bekannte im Nachhinein offen, dass die meisten Studenten „nicht genau wussten, was Demokratie eigentlich war und wie man sie organisieren sollte". Der Begriff „Demokratie" diente der Bewegung als Zauberformel, die vage Verheißungen gesellschaftlicher Harmonie, moralischer Aufrichtigkeit und wirtschaftlicher Prosperität anklingen ließ und deshalb weithin attraktiv erschien.

Ihre Dynamik bezogen die Proteste aber nicht aus politischen Programmen, sondern aus dem berauschenden Erlebnis, im Schutz der Masse und unter den Augen der westlichen Medien der Autorität der Partei nicht mehr unterworfen zu sein. Die Kundgebungen der Studenten in Peking wurden zu symbolgeladenen Inszenierungen, die die Zuschauer weniger inhaltlich überzeugen als vielmehr emotional bewegen sollten: Die öffentliche Trauer um einen kurz vor seinem Tode in Ungnade gefallenen populären Reformpolitiker – Hu Yaobang – wurde als Protestgelegenheit entschlossen genutzt. Mit der Besetzung des Tiananmen-Platzes wurde das symbolische Zentrum des chinesischen Reiches für die Bewegung beansprucht. Der Hungerstreik machte die Bereitschaft der Studenten zur Selbstaufopferung deutlich und mobilisierte breite Sympathien in der Bevölkerung. Das unbotmäßige Verhalten der Studenten gegenüber Li Peng in einer im Fernsehen übertragenen Diskussionsrunde zerstörte den Nimbus unangreifbarer Autorität der Parteiführung. Und mit der Errichtung einer an die Freiheitsstatue in New York gemahnenden „Göttin der Demokratie" – gegenüber dem großen Mao-Bildnis am Tor des Himmlischen Friedens – konterkarierten die Studenten die offizielle kommunistische Ikonographie. Kurz: In einem virtuosen Krieg der Symbole untergruben die Studenten einen Pfeiler der kommunistischen Ordnung nach dem anderen.

Im Verlauf der Studentenbewegung traten zugleich immer deutlicher Züge hervor, die im Kontrast zu den öffentlichen Forderungen nach breiten demokratischen Mitspracherechten standen. In Peking zeigten die Studenten von Beginn an ein deutliches Misstrauen gegenüber einer Mitwirkung anderer Bevölkerungsgruppen an ihren Kundgebungen. Studenten hielten Bürger, die sich spontan an ihren Demonstrationen beteiligen wollten, durch Seile fern, die sie entlang ihrer Kundgebungszüge spannten. In studentischen Wandzeitungen wurde gefordert, demokratische Wahlen nach dem Prinzip des „one man, one vote" zunächst nur in den Städten – also unter Ausschluss der Bauern – durchzuführen. Auch lehnten Studentenführer mehrere Angebote von Arbeiteraktivisten ab, Protestaktionen gemeinsam durchzuführen. Daraufhin warfen Arbeitervertreter den Studenten vor, sich nur halbherzig für die unmittelbaren Sorgen und Nöte der Bevölkerung einzusetzen: Den Studenten gehe es vor allem darum, der intellektuellen Elite einen privilegierten Zugang zur politischen Macht zu verschaffen.

In der Endphase der Bewegung schottete sich ein kleiner Kern von Studentenführern immer stärker von der Masse der Demonstranten ab und war für deren Vorschläge kaum noch zugänglich. Die emotional aufgeputschte und zunehmend wirklichkeitsferne Atmosphäre unter den Studenten auf dem Tiananmen-Platz führte schließlich zu einer gefährlichen Überschätzung der eigenen politischen Möglichkeiten, als einige Studentenführer darauf bestanden, trotz der Verhängung des Kriegsrechtes den Hungerstreik fortzusetzen: „Tatsächlich hoffen wir, dass es ein Blutvergießen geben wird. Denn nur dies wird dem chinesischen Volk die Augen öffnen", sagte die Studentenaktivistin Chai Ling fünf Tage vor dem Massaker.

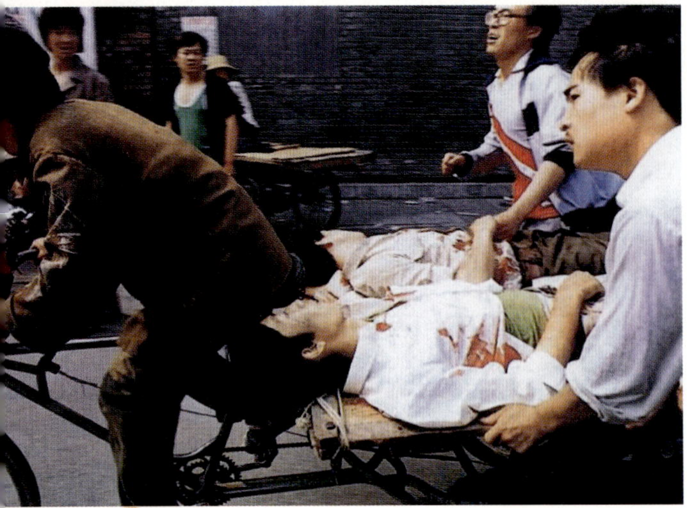

Opfer des Massakers werden abtransportiert (4. Juni 1989).

Allein in Peking töteten die Soldaten, denen von der Parteiführung die Niederschlagung eines „konterrevolutionären Aufruhrs“ befohlen war, mindestens fünfhundert, möglicherweise auch mehr als eintausend Zivilisten. Über zehntausend Menschen wurden verwundet. Die Opfer stammten überwiegend aus der Stadtbevölkerung, nicht aus der Studentenschaft.

[...] Die Oppositionsbewegung innerhalb und außerhalb Chinas wurde durch den staatlichen Terror von 1989 nicht nur eingeschüchtert, sondern durch die Erfolge der Wirtschaftsreformen nach 1992 auch zusehends ernüchtert. Dies schlug sich in einem Strategiewechsel nieder: Mitte der Neunzigerjahre schwenkten viele Dissidenten von einer „idealistischen“ auf eine „gradualistische“ Strategie zur Demokratisierung Chinas um, die auf Kontakte zu reformbereiten Kräften und auf eine allmähliche politische Öffnung der Kommunistischen Partei setzt. Nicht mehr ein kurzfristiger Umsturz, sondern eine „weiche politische Landung“ sollte nun den Weg zur Demokratie bereiten.

(Sebastian Heilmann, in: FAZ, 4.6.1999)

M 3 Die Regierung erklärt über den Rundfunk ihre Position am 26. April 1989 (Renmin Ribao)

Die gesamte Partei und das Volk der ganzen Nation sollten klar den Ernst dieses Kampfes verstehen und sich vereinen, um einen eindeutigen Standpunkt gegen diese Unruhen einzunehmen und kraftvoll die hart verdiente Lage der politischen Stabilität und Einheit, der Verfassung, der sozialistischen Demokratie und des Rechtssystems zu bewahren. Unter keinen Umständen sollte die Errichtung jeglicher illegaler Organisationen erlaubt werden. Es ist ein Befehl, mit Nachdruck jede Aktion zu stoppen, die zu einer Entschuldigung der Verletzung der Rechte und Interessen der legitimen Organisationen der Studenten missbraucht werden kann.

Diejenigen, die absichtlich Unruhen hervorgerufen und andere hineingezogen haben, sollen angeklagt werden, um ihre kriminellen Angriffe auf das Recht zu erklären. Ungesetzliche Aufmärsche und Demonstrationen sollen verboten werden, auch solche Aktionen wie Besetzung von Fabriken, landwirtschaftlichen Betrieben und Schulen, um dort Aktionsbündnisse zu schließen. Jede Form von Gewalt soll nach dem Gesetz bestraft werden. Es ist notwendig, die legitimen Rechte der Studenten zu schützen, in Seminaren zu studieren. Die breite Mehrheit der Studenten hofft aufrichtig, dass die Korruption beendet wird und die Demokratie gestärkt wird. Das sind auch die Forderungen der Partei und Regierung. Diese Forderungen können nur realisiert werden, wenn die Anstrengungen zur Verbesserung und Korrektur erhöht werden, die Reform entschieden vorangebracht, unsere sozialistische Demokratie und unser Rechtssystem unter der Führung der Partei perfektioniert wird.

Alle Genossen in der Partei und im Volk im ganzen Land müssen nüchtern die Tatsache erkennen, dass unser Land in dieser Unruhe keine friedvollen Tage haben wird, wenn dieser Aufruhr nicht entschieden beigelegt wird. Dieser Kampf bedeutet Erfolg oder Niederlage für die Reform, den Aufschwung, das Programm der vier Modernisierungen und die Zukunft unseres Staates und der Nation. Die Parteiorganisationen der KPCh auf allen Ebenen, die breiten Massen der Mitglieder der Kommunistischen Partei und des Kommunistischen Jugendverbandes, alle demokratischen Parteien und patriotischen demokratischen Gruppierungen und das Volk im Lande sollten eine klare Unterscheidung zwischen Richtig und Falsch machen, positive Aktionen unternehmen und kämpfen, um hart und schnell die Unruhen zu beenden.

(Zit. nach: Beijing Domestic Service reported 0930 GMT/April 25, Foreign Broadcast Information Service, April 25, pp. 23 –24; http://tsquare.tv/chronology/April26ed.html)

M 4 Aus der Rede von Li Peng vor dem Zentralkomitee am 19. Mai 1989

[...] Ein wichtiger Grund für uns, einen klaren Standpunkt gegen den Aufruhr einzunehmen und

die politische Verschwörung einer Handvoll Leute aufzudecken, ist es, die Massen der jungen Studenten von der kleinen Gruppe Leute zu trennen, die den Aufruhr angezettelt haben.
Für fast einen Monat haben wir eine außergewöhnlich tolerante und besonnene Haltung bei der Behandlung der Studentenunruhen eingenommen. Keine Regierung in der Welt würde so tolerant gewesen sein. Der Grund dafür lag in unserer liebenden Fürsorge für die Massen der Jugend und der Studenten. Wir betrachten sie als unsere eigenen Kinder und die Zukunft Chinas. Wir wollen gute Leute nicht verletzen, besonders nicht junge Studenten. Doch die Handvoll Drahtzieher aus dem Hintergrund, die den Aufruhr vorbereitet und angeheizt haben, haben sich verschätzt. Sie hielten Toleranz für Schwäche der Partei und der Regierung. Sie fuhren fort, Geschichten aufzukochen, um die Massen zu verwirren und zu vergiften mit dem Versuch, die Lage zu verschlechtern. Das hat die Situation in der Hauptstadt verursacht und viele Plätze im Lande werden zunehmend gefährdet. Unter solchen Umständen sind die KPCh als die regierende Partei und die Regierung verpflichtet, durchgreifende und entschiedene Maßnahmen zu ergreifen, um dem Aufruhr ein Ende zu setzen [*Beifall*]. [...]

(Zit. nach: Beijing Television Service, May 19–20, 1989, 15:27 GMT, FBIS, May 22, pp. 9–13; http://tsquare.tv/chronology/MartialLaw html)

M 5 4. Juni 1989

Shi Yan, eine chinesische Studentin in Berlin, teilte in einem Brief an ihre Freundin ihre Eindrücke mit:

Am 4. Juni morgens erwachte ich nach kurzem Schlaf und hörte im Radio die Meldung, dass die Soldaten weiterhin auf die Menschen auf Pekinger Straßen schießen und sie töten. Hatte ich in der Nacht davor unter der Anspannung eher mechanisch gehandelt, brach jetzt die angestaute tiefe Trauer aus. Ich heulte wie noch nie in meinem Leben. Ich musste ständig an die friedliche, enthusiastische Zeit, an die jungen Menschen denken, die voller Leidenschaft und Hingabe nur das Beste für ihr Land gewünscht hatten. Im wunderschönen Frühling mussten sie sterben, nur weil einige Greise verrückt geworden waren. In den nächsten Tagen wurden Trauermärsche, Spendenaktionen und Informationsveranstaltungen organisiert. Am Trauermarsch am 5. Juni haben knapp 10 000 Menschen mit schwarzen Armbinden und weißen Blusen teilgenommen. Die Aktionsgruppe musste wieder in Aktion treten. Alle hatten Urlaub angemeldet und waren Tag und Nacht beschäftigt. Trauer und Wut saßen so tief, die Wunde im Herz war so schmerzlich, dass alle nur in der Beschäftigung Ruhe finden konnten. [...] Ich weinte um die Menschen, die ihr Leben opfern mussten. Ich weinte um China, um eine verpasste Chance.
Eigentlich sind wir die Nutznießer der hauptsächlich von Deng Xiaoping eingeleiteten Reformpolitik, ohne die wir nie hier im Ausland studieren könnten. Die meisten von uns bekamen früher verschiedene Auszeichnungen aufgrund ihrer Leistungen. Wir gehörten zu den Eliten, zu den Glücklicheren unserer Generation. Diese jahrelange Erziehung hinterließ Spuren.
So waren wir bislang immer noch mehr oder weniger, bewusst oder unbewusst loyal gegenüber der Partei, der Regierung. Die Demokratiebewegung 1989 und das Massaker am 3./4. Juni haben unsere letzte Utopie zerstört. Jetzt sind wir stolze Oppositionelle zum Deng-Li-Yang-Regime geworden, das sich nur durch das Militär halten kann. Unser Wunsch ist ein China, das die Menschenrechte achtet und schützt, das nicht mehr von der Laune einiger Greisenfiguren abhängt, ein freies, demokratisches China.

(Zit. nach: Anna Gerstlacher/Margit Miosga (Hg.), China der Frauen, München (Verlag Frauenoffensive) 1989, S. 187f.)

Tibet zwischen Dalai Lama und autonomer Provinz Chinas

Wer den Dalai Lama, den „Lehrer im Meer der Weisheit", empfängt, muss mit Sanktionen der Volksrepublik China rechnen. Der Dalai Lama ist das gewählte geistliche Oberhaupt der buddhistischen Mönche in Tibet. Politisch aber gehört Tibet zu China, dessen Truppen es 1949 besetzt haben. Da niemand damals ernsthaft protestiert hat, gilt die Annexion aus chinesischer Sicht als legitimiert.
Welche Tibet-Politik soll man also vertreten? Die der chinesischen Seite, die sehr viel unternommen hat und weiterentwickelt, um die Infrastruktur des Landes zu modernisieren und die nationalen Eigenheiten zu respektieren? Oder die der tibetischen Buddhisten, die wieder eine staatliche Autonomie und geistliche Herrschaft anstreben? Ist die Situation etwa vergleichbar mit der Politik Russlands in Tschetschenien oder mit der Politik der EU gegenüber dem Kosovo?
In der aktuellen Diskussion ist Tibet eher ein Randthema neben den Problemen des Mittleren Ostens. In China gilt die Frage als geklärt und steht hinter der Thematik der Wiedervereinigung mit Taiwan zurück. Dennoch zeigt die Polarisierung in der Öffentlichkeit, dass es sich um eine ungelöste Frage handelt, an der sich auch das Verhalten der Weltmacht China und der internationalen Organisationen wird messen lassen müssen.

Lhasa, Frühjahr 2008: Bei den schwersten Unruhen seit etwa zwei Jahrzehnten protestierten tibetische Mönche, unterstützt von der Bevölkerung, gegen die chinesische Vorherrschaft.

- **Wie ist Tibet in diese Situation gekommen?**
- **Wo zeigen sich Perspektiven für eine befriedigende Zukunftslösung für das Problem?**

Die zusammengestellten Materialien beleuchten die Thematik Tibet aus verschiedenen Perspektiven und ermöglichen eigene Urteile mit Blick auf die beiden Leitfragen.

Kursgespräch: Diskutieren Sie die beiden Fragen gemeinsam.

Vorschläge, um sich in die Thematik Tibet einzuarbeiten und begründete eigene Positionen zu entwickeln:

1. Beschreiben Sie auf der Grundlage der Materialien M 1 und M 2 die historischen Voraussetzungen des Meinungsstreites. Beziehen Sie auch den Info-Text (S. 16) ein.
2. Arbeiten Sie auf der Grundlage materialgerechter Analysen der Materialien M 3, M 5 und M 6 heraus, welche Grundpositionen und Standpunkte im Einzelnen die beiden Hauptbeteiligten, der Dalai Lama als Oberhaupt im Exil und die chinesische Regierung, vertreten und wie sie sie begründen. Wenden Sie dazu die jeweiligen Grundschritte zur sach- und fachgerechten Informationsentnahme und Erkenntnisgewinnung aus historischen Materialien an (s. S. 72ff.).
3. Fassen Sie anhand der Analyse des Kommentars M 4 die aktuelle Diskussion und Brisanz der Tibet-Problematik in knapper Thesenform zusammen.

Worauf Sie achten sollten:
Überlegen Sie, wie Sie die vorbereitenden Arbeitsprozesse möglichst arbeitsteilig gestalten können. Von besonderer Wichtigkeit ist dabei, Formen zu finden, wie die Teil- und Zwischenergebnisse für alle Schülerinnen und Schüler gesichert und verfügbar gemacht werden sollen, um die anschließende gemeinsame Diskussion im Kurs führen zu können.

MATERIALIEN

M 1 Tibet in China am Anfang des 20. Jahrhunderts

In Tibet hatten die Ch'ing die Oberherrschaft Chinas noch nachdrücklicher zur Geltung gebracht als in der Mongolei. Peking kündigte ein Programm zur Reformierung der vorsintflutlichen Theokratie Tibets an und entsandte 1910 eine Armee nach Lhasa. Der Dalai Lama floh nach Indien. Aber nach der chinesischen Revolution von 1911 kam er zurück und erklärte 1913 Tibet für unabhängig. Es kam zu Verhandlungen zwischen China, England und Tibet, die 1914 wieder zu einer diplomatischen Formel führten – Tibet hatte Selbstverwaltung, England anerkannte seine Unabhängigkeit, während China auf der chinesischen Oberherrschaft beharren konnte. England hatte hier zwar Handelsinteressen, verlangte aber kein Protektorat. Die Tibetaner verwalteten sich selbst, erlangten aber keine internationale Anerkennung als souveräner Staat. China behielt nominell die Oberherrschaft. Das war der Ausgangspunkt des späteren Übertritts der Mongolen aus der chinesischen in die Sowjetsphäre, während Tibet formal ein Teil Chinas und der chinesischen Revolution ausgeliefert blieb.

(John K. Fairbank, Geschichte des modernen China 1800–1985, München (dtv) 1989, S. 174, übers. v. Walter Theimer)

M 2 Tibet in China am Ende des 20. Jahrhunderts

[...] Vor diesem Hintergrund haben seit Ende der [1980] Achtzigerjahre Unabhängigkeitsbestrebungen vor allem in Tibet (nach dem jüngsten offiziellen Bevölkerungszensus in Tibet sind 92 % der Bevölkerung in der Autonomen Region – 2,4 Mio. von insgesamt 2,6 Mio. – ethnische Tibeter; exiltibetische Gruppen schätzen, dass nach Berücksichtigung der han-chinesischen Zuwanderung der Anteil deutlich niedriger liegt) und Xinjiang (wo Muslime rund 60 % der Bevölkerung, zugewanderte Han-Chinesen knapp 40 % ausmachen) starken Auftrieb bekommen. Es kommt in diesen beiden westlichen Regionen immer wieder zu Protesten und vereinzelten Terrorakten, die sich gegen die chinesische Herrschaft, religiöse Unterdrückung oder Diskriminierung der einheimischen Volksgruppe gegenüber han-chinesischen Zuwanderern richten.

In Tibet rechtfertigt die Regierung der Volksrepublik China ihren Souveränitätsanspruch damit, dass die Region seit der Eingliederung in die Yuan-Dynastie Mitte des 13. Jahrhunderts ein untrennbarer Teil Chinas sei. Die seit Ende der [1950] Fünfzigerjahre angewandten gewaltsamen Methoden zur Durchsetzung der chinesischen Herrschaft, die zur Flucht des Dalai Lama ins indische Exil führten, werden als „Befreiung" Tibets von einer „feudalistischen Sklaverei" dargestellt, in der Leibeigene 95 % der Bevölkerung ausgemacht hätten. Dieser „Befreiung" fielen nicht nur viele Widerstand leistende Tibeter, sondern auch ein großer Teil der Kulturgüter Tibets zum Opfer. Insbesondere Mönche und Nonnen, die sich nicht mit dem Exil des Dalai Lama und politischen Eingriffen ins Glaubens- und Klosterleben abfinden, sind Gegenstand der Überwachung und der Repression. Andererseits ist nicht zu bezweifeln, dass die chinesische Herrschaft eine grundsätzliche Verbesserung der Versorgungslage und des Lebensstandards für die meisten in Tibet Lebenden bewirkt hat. Da han-chinesische Zuwanderer bei der Vergabe von Arbeitsplätzen, Geschäftslizenzen, Krediten etc. gegenüber Tibetern oft bevorzugt werden, befürchten viele Tibeter eine schleichende „Sinisierung" Tibets auf dem Wege der Zuwanderung.

Die chinesische Regierung sagt, dass der Weg zu formellen Verhandlungen über eine Rückkehr des Dalai Lama frei sei, sobald dieser anerkenne, dass Tibet ein integraler Bestandteil des Territoriums der Volksrepublik China sei. Der Dalai Lama hat erklärt, dass er keine staatliche Unabhängigkeit Tibets anstrebe, sondern eine grundlegende Veränderung des politischen Status Tibets mit dem Ziel einer föderationsähnlichen Abgrenzung von politischen Befugnissen zwischen Peking und Lhasa. Die Exilbewegung des Dalai Lama wird durch einige westliche Regierungen bzw. politische Stiftungen finanziell unterstützt. Dies wertet die chinesische Regierung als Beleg dafür, dass der Dalai Lama ein „Agent ausländischer feindlicher Kräfte" sei, die auf eine Abspaltung Tibets von China hinarbeiteten. Dennoch werden zwischen Vertretern der chinesischen Regierung und des Dalai Lama seit Mitte der Neunzigerjahre, mit Unterbrechungen und außerhalb Chinas, informelle Gespräche geführt, in denen Diplomaten anderer Staaten als Vermittler fungieren. Im September 2002 wurden Gesandte des Dalai Lama von Pekinger Regierungsstellen zu inoffiziellen Gesprächen in Peking und vom Regierungschef der Autonomen Region Tibet zu einem „privaten" Austausch in Lhasa empfangen. Der Regierungschef der Autonomen Region Tibet bekräftigte die grundsätzliche Kritik der chinesischen Regierung an den „separatistischen Aktivitäten" des im Exil lebenden Dalai Lama. Nach Angaben der tibetischen Exilführung war es 1993 letztmals zu einer solchen Begegnung zwischen hochrangigen Vertretern beider Seiten gekommen. Im Mai 2003 reiste wieder eine tibetische Delegation auf Einladung der ZK-Einheitsfrontabteilung nach China. Konkrete Ergebnisse der zur Vertrauensbildung gedachten Gespräche stehen noch aus.

Die Tibet-Frage ist für die chinesische Regierung wegen ihrer internationalen Rückwirkungen politisch besonders brisant. Dem Dalai Lama gelang es kraft seines persönlichen Charismas und durch intensive informelle Diplomatie, die westliche Öffentlichkeit für die tibetische Sache einzunehmen. Selbst der Tod des Dalai Lama wird nicht zu einer Lösung der Tibet-Frage führen, da dann auch nach Einschätzung von Pekinger Politikberatern voraussichtlich radikalere Elemente die Oberhand in der Exilführung gewinnen werden. Einige chinesische Sozialwissenschaftler haben deshalb vorgeschlagen, Tibet im Rahmen einer umfassenden Verfassungsreform und Föderalisierung der Volksrepublik China weitreichende Autonomierechte zuzugestehen. Dies wäre mit den politischen Zielen des Dalai Lama vereinbar. Zugleich aber wird damit deutlich, in welchem Maße eine friedliche Beilegung des Tibet-Konflikts von politischen Veränderungen in der Volksrepublik China insgesamt abhängig ist.

(Sebastian Heilmann, Das politische System der Volksrepublik China, Wiesbaden (Verlag für Sozialwissenschaften) 2004, S. 233–235)

M 3 Fünf-Punkte-Plan des Dalai Lama für Tibet

Rede vor dem US-Kongress in Washington (21. September 1987):

Die Welt wird immer abhängiger, sodass der andauernde Friede – national, regional und global – nur erreicht werden kann, wenn Sie in den Kategorien eines breiteren Interesses als unmittelbarer Wahlen denken. Heutzutage ist es entscheidend, dass wir alle, ob stark oder schwach, unseren eigenen Beitrag leisten. Ich spreche heute zu Ihnen als Führer des buddhistischen Volkes und als buddhistischer Mönch, der den Grundsätzen einer Religion verpflichtet ist, die auf Liebe und Mitleid beruht. Vor allem bin ich hier als menschliches Wesen, das bestimmt ist, diesen Planeten mit Ihnen und allen anderen als Brüder und Schwestern zu teilen. Da die Welt immer mehr zusammenwächst, brauchen wir einander mehr als in der Vergangenheit. Das ist die Wahrheit in allen Teilen der Welt, einschließlich des Kontinents, von dem ich komme.

Gegenwärtig sind die Spannungen – wie überall in Asien – hoch. Es gibt offene Konflikte im Mittleren Osten, in Südostasien und in meinem Land, Tibet. Weitgehend sind diese Probleme nur Symptome der tiefer liegenden Spannungen, die unter den Großmächten der Region bestehen. Um regionale Konflikte zu lösen, muss ein Vorstoß unternommen werden, der die Interessen aller wichtigen Länder und Völker, großer und kleiner, in Rechnung stellt. Solange nicht umfassende Lösungen formuliert werden, die die Bedürfnisse der unmittelbar betroffenen Völker respektieren, dann wird das Stückwerk, oder kleine Lösungen werden nur neue Probleme hervorrufen.

Das tibetische Volk ist darauf bedacht, zum regionalen und Weltfrieden beizutragen, und ich glaube, sie sind dazu in einer einzigartigen Position. Traditionell sind die Tibeter ein friedliebendes und gewaltloses Volk. Seit der Buddhismus in Tibet vor mehr als tausend Jahren eingeführt wurde, haben die Tibeter die Gewaltlosigkeit mit Respekt vor allen Formen des Lebens praktiziert. Diese Haltung wurde auch auf die internationalen Beziehungen unseres Landes übertragen. Tibets strategische Lage im Herzen Asiens, getrennt von den Großmächten des Kontinents – Indien, China und UdSSR –, hat von der Geschichte eine wesentliche Rolle bei der Erhaltung von Frieden und Stabilität zugewiesen bekommen. Eben deshalb haben die Großmächte Asiens in der Vergangenheit meist dafür gesorgt, dass die eine Macht die andere aus Tibet heraushielt. Tibets Wert als ein unabhängiger Pufferstaat war integraler Bestandteil der Stabilität in der Region.

Als die neu gebildete Volksrepublik China 1949/50 in Tibet einmarschierte, schuf sie einen neuen Konfliktherd. Das wurde noch verstärkt, als nach dem nationalen Volksaufstand in Tibet gegen China und meiner Flucht nach Indien 1959 die Spannungen zwischen Indien und China eskalierten bis zum Grenzkrieg 1962. Heute sind wieder große Truppenteile auf beiden Seiten der Himalaya-Grenze stationiert und die Spannung ist wieder einmal gefährlich hoch.

Das wirkliche Problem ist natürlich nicht die indisch-tibetische Grenzmarkierung. Es ist Chinas illegale Besetzung von Tibet, die einen direkten Zugriff zum indischen Subkontinent gegeben hat. Die chinesische Regierung versuchte, das Faktum zu vertuschen, indem sie behauptete, dass Tibet immer Teil von China gewesen sei. Das ist unwahr. Tibet war immer ein unabhängiger Staat, bis die Volksbefreiungsarmee 1949/50 in das Land einmarschierte. Seit die tibetischen Kaiser Tibet vor tausend Jahren vereinten, war unser Land dazu in der Lage, seine Unabhängigkeit bis in die Mitte dieses Jahrhunderts aufrechtzuerhalten. Mit der Zeit dehnte Tibet seinen Einfluss über die benachbarten Staaten und Völker aus und kam in anderen Epochen selbst unter den Einfluss mächtiger auswärtiger Herrscher – der mongolischen Khans, der Gorkhas von Nepal, der Manchu-Kaiser und der Briten in Indien.

Es ist natürlich nicht ungewöhnlich für Staaten, unter fremden Einfluss oder durch eine Invasion unterworfen zu werden. Sogenannte Satellitenbeziehungen sind vielleicht die klarsten Beispiele dafür, dass Supermächte ihren Einfluss über weniger mächtige Alliierte oder Nachbarn ausüben. Wie die angesehensten Studien gezeigt haben, führte im Fall Tibet die vorübergehende Unterwerfung unter fremden Einfluss niemals zu einem Verlust an Unabhängigkeit. Und es kann daher keinen Zweifel geben, dass Tibet, als die kommunistischen Truppen Pekings in Tibet einfielen, in jeder Hinsicht ein unabhängiger Staat war.

Chinas Aggression, verurteilt durch fast alle Nationen der freien Welt, war eine unverhohlene Verletzung des internationalen Rechts. Wenn Chinas militärische Besatzung Tibets fortdauert, sollte die Welt sich daran erinnern, dass Tibet, obwohl die Tibeter ihre Freiheit verloren haben, nach internationalem Recht heute noch ein unabhängiger Staat unter illegaler Besatzung ist.

Es ist nicht meine Absicht, hier eine politisch-rechtliche Diskussion über den Tibet-Status zu beginnen. Ich möchte nur das offensichtliche und unumstrittene Faktum betonen, dass wir Tibeter ein eigenes Volk mit unserer eigenen Kultur, Sprache, Religion und Geschichte sind. Aber im Blick auf Chinas Besatzung will Tibet auch heute noch seine natürliche Rolle als Pufferstaat aufrechterhalten, um den Frieden in Asien zu erhalten und zu befördern.

Es ist mein aufrichtiger Wunsch ebenso wie der des tibetischen Volkes, für Tibet seine unschätzbare Rolle wiederherzustellen, indem es das ganze Land noch einmal umbaut – d. h. die drei Provinzen U-Tsang, Kham und Amdo – in einen Ort von Stabilität, Frieden und Harmonie. Im Kern der buddhistischen Tradition möchte Tibet seine Dienste und Gastfreundschaft allen zukommen lassen, die die Sache des Weltfriedens, des Wohlstands der Menschheit und unserer natürlichen Umwelt voranbringen.

Trotz des Holocausts, der über unser Volk in den letzten Jahren der Besatzung hereinbrach, habe ich immer versucht, eine Lösung durch direkte und ernsthafte Gespräche mit den Chinesen zu finden. 1982, nach dem Wechsel der Führung in China und dem Aufbau direkter Kontakte mit der Regierung in Peking, schickte ich meine Vertreter nach Peking, um Gespräche über die Zukunft meines Landes und Volkes zu eröffnen.

Wir begannen den Dialog mit einer offenen und positiven Haltung und mit dem Willen, die legitimen Bedürfnisse der Volksrepublik China in Rechnung zu stellen. Ich hoffte, dass diese Haltung erwidert werden würde und dass eventuell eine Lösung gefunden werden könnte, welche die Erwartungen und Interessen beider Seiten befriedigen und respektieren würde. Unglücklicherweise hat China beharrlich auf unsere Anstrengungen in einer defensiven Art geantwortet, als ob unsere genaue Schilderung der ganz realen Schwierigkeiten Tibets eine Kritik an sich wäre.

Zu unserem größeren Unbehagen nutzte die chinesische Regierung die Gelegenheit für einen grundlegenden Dialog nicht. Anstatt die wirklichen Themen auf das tibetische Sechsmillionenvolk zu beziehen, versuchte China, die Tibet-Frage auf eine Diskussion über meinen eigenen persönlichen Status zu reduzieren.

Vor diesem Hintergrund und in Erwiderung auf die gewaltige Unterstützung und Ermutigung, die ich von Ihnen und anderen Persönlichkeiten, die ich auf dieser Reise getroffen habe, erhielt, möchte ich heute die grundlegenden Eckpunkte erläutern und im Geist der Offenheit und Freundschaft einen ersten Schritt zu einer dauerhaften Lösung vorschlagen. Ich hoffe, dass dies zu einer zukünftigen Freundschaft und Kooperation mit all unseren Nachbarn einschließlich des chinesischen Volks beitragen wird.

Dieser Friedensplan enthält fünf Eckpunkte:

1. Umwandlung des ganzen Tibets in eine Friedenszone;
2. Aufgabe der ethnischen Umsiedlungspolitik Chinas, die die Existenz der Tibeter als Volk bedroht;
3. Respekt vor den grundlegenden Menschenrechten und der demokratischen Freiheit des tibetischen Volkes;
4. Wiederherstellung und Schutz von Tibets natürlicher Umwelt und Aufgabe von Chinas Gebrauch Tibets für die Herstellung und Lagerung atomarer Waffen;
5. Aufnahme ernsthafter Verhandlungen über den zukünftigen Status von Tibet und die Beziehungen zwischen dem tibetischen und chinesischen Volk.

Lassen Sie mich diese fünf Komponenten erläutern:

1. Ich schlage vor, dass das ganze Tibet einschließlich der östlichen Provinzen von Kham und Amdo in eine „Ahimsa"-Zone überführt wird, ein Hindi-Ausdruck für einen Zustand von Frieden und Gewaltlosigkeit. [...]

Die Einrichtung einer Friedenszone in Tibet würde den Rückzug der chinesischen Truppen und militärischen Einrichtungen aus dem Land umfassen, was auch Indien in die Lage versetzen würde, seine Truppen und militärischen Einrichtungen von den Himalaya-Regionen an der Grenze zu Tibet abzuziehen. Dieses sollte unter internationaler Aufsicht geschehen, um Chinas legitime Sicherheitsinteressen zu respektieren und Vertrauen zwischen Tibetern, Indern, Chinesen und anderen Völkern der Region aufzubauen. Das liegt in jedermanns wohlverstandenem Interesse, besonders dem von China und Indien, da es die Sicherheit verstärkt und die wirtschaftliche Last abnimmt, hohe Truppenkonzentrationen an der Himalaya-Grenze zu stationieren. [...]

2. Die Umsiedlung von Chinesen nach Tibet, die die Regierung in Peking durchführt, um eine „endgültige Lösung" der Tibet-Frage zu erzwingen, indem die Anzahl der Tibeter vermindert wird bis zu einer unbedeutenden und rechtlosen Minderheit in Tibet selbst, muss gestoppt werden.

Der massive Transfer von chinesischen Bürgern nach Tibet, der gegen die Vierte Genfer Konvention (1949) verstößt, bedroht die Existenz der Tibeter als eigenständigem Volk. In den östlichen Teilen unseres Landes vertreiben die Chinesen nun eine größere Anzahl Tibeter. In der Amdo-Provinz z. B., wo ich geboren bin, gibt es nach der chinesischen Statistik 2,5 Millionen Chinesen und nur 750 000 Tibeter. Selbst in der sog. Autonomen Region Tibet (Zentral- und Westtibet) bestätigen regierungsamtliche Quellen in China, dass die Chinesen jetzt Tibeter ausweisen.

Die chinesische Umsiedlungspolitik ist nicht neu. Sie ist in anderen Gebieten vorher auch schon systematisch angewandt worden. Früher in diesem Jahrhundert waren die Mandschus eine besondere Gruppe mit eigener Kultur und Traditionen. Heute sind nur noch zwei bis drei Millionen Mandschuren in der Mandschurei übrig, aber 75 Millionen Chinesen wurden dort angesiedelt. In Ost-Turkestan, das die Chinesen jetzt Sinkiang nennen, wuchs die chinesische Bevölkerung von 200 000 Menschen 1949 auf 7 Millionen, mehr als die Hälfte der Gesamtpopulation von 13 Millionen. Im Verlauf der chinesischen Kolonisation in der inneren Mongolei stieg die Zahl auf 8,5 Millionen Chinesen zu 2,5 Millionen Mongolen.

Bis heute sind schon 7,5 Millionen chinesische Siedler nach Tibet geschickt gegen die Bevölkerung von 6 Millionen Tibetern. In Zentral- und Westtibet (chinesisch: Autonome Region Tibet) geben chinesische Quellen an, dass die 1,9 Millionen Tibeter dort schon eine Minderheit in der Gesamtbevölkerung ausmachen. Diese Zahlen ziehen noch nicht die schätzungsweise 300 000–500 000 Truppen in Tibet mit heran, 250 000 davon in der Autonomen Region Tibet. [...]

3. Fundamentale Menschenrechte und demokratische Freiheiten müssen in Tibet respektiert werden. Das tibetische Volk muss wieder frei sein, um sich kulturell, intellektuell, ökonomisch und geistig entwickeln und die grundlegenden demokratischen Freiheitsrechte ausüben zu können. Menschenrechtsverletzungen in Tibet zählen zu den schlimmsten in der Welt. Diskriminierung wird in Tibet unter einer Apartheidspolitik betrieben, die die Chinesen „Segregation und Assimilation" nennen. Die Tibeter sind bestenfalls zweitklassige Bürger in ihrem eigenen Land.

Beraubt aller demokratischen Freiheitsrechte existieren sie unter einer Kolonialverwaltung, in der alle reale Macht von chinesischen Funktionären der kommunistischen Partei und der Armee ausgeübt wird. [...]

4. Große Anstrengungen müssen unternommen werden, um die natürliche Umwelt in Tibet zu retten. Tibet sollte nicht für die Produktion von Atomwaffen und die Lagerung von Atommüll genutzt werden. [...]

China nutzt Tibet für die Produktion von Atomwaffen und soll dort auch Atommülllager eingerichtet haben. Das betrifft nicht nur Chinas eigenen Atommüll, sondern auch den von anderen Ländern, die schon zugestimmt haben, an Peking für die Entsorgung des radioaktiven Materials zu zahlen. [...]

5. Verhandlungen über die Zukunft Tibets und die Beziehungen zwischen dem tibetischen und chinesischen Volk sollten ernsthaft begonnen werden. [...]

Die Tatsache, dass Sie Ihre Sympathie für uns Tibeter öffentlich gezeigt haben, hat schon einen positiven Einfluss auf das Leben unseres Volkes in Tibet gezeigt. Ich bitte um Ihre weitere Unterstützung in dieser schwierigen Zeit in der Geschichte unseres Landes.

Ich danke Ihnen.

(Zit. nach: http://tibetjustice.org/materials/tibet/tibet3.html)

M 4 Bundeskanzlerin Merkel empfängt den Dalai Lama

Kommentar des Deutschlandfunks (Dorothea Jung, 23.09.2007):

Angela Merkel empfängt den Dalai Lama zu einem privaten Meinungsaustausch. Darüber ist die chinesische Regierung, wie es heißt, „aufrichtig und tief gehend verärgert". Und ein deutscher Wirtschaftsvertreter, der zu feige ist, seinen Namen zu nennen, bezeichnet das Treffen im Handelsblatt als „wenig hilfreich". Dabei geht es dem deutschen Manager um einzelne wirtschaftliche Interessen, deren Verfolgung China behindern könnte.

Den Chinesen aber geht es ums Prinzip. Jedes Mal, wenn der Dalai Lama irgendwo in der Welt bei Regierungsmitgliedern zu Gast ist, spricht Peking von einer Provokation und rächt sich mit diplomatischen Nadelstichen. Diesmal sagte Peking das Treffen einer chinesischen Delegation mit Bundesjustizministerin Brigitte Zypries ab. Stereotyp heißt es stets: Die Politik des im indischen Exil lebenden Dalai Lama bedrohe die Einheit Chinas. Das geistliche Oberhaupt der tibetischen Buddhisten betreibe unter dem Deckmantel der Religion eine Abspaltung Tibets vom chinesischen Mutterland.

Das ist eine Lüge. Erstens gehört Tibet nicht zu China, Tibet wurde 1950 von den Chinesen besetzt. Unabhängig davon, wie groß die Region ist, die man damals völkerrechtlich einer tibetischen Nation zuordnen konnte, dürfte es vor 57 Jahren zum Zeitpunkt der Besetzung keinen einzigen Tibeter gegeben haben, der sich Maos Truppen gegenüber als Chinese bezeichnet hätte.

Zweitens kennt die chinesische Regierung heute die politische Position des Dalai Lama und der tibetischen Exilregierung. Die läuft keinesfalls auf Separatismus hinaus, sondern auf eine begrenzte Autonomie innerhalb des chinesischen Staatsverbandes – mit demokratisch legitimierten tibetischen Volksvertretern.

China ist eine große und einflussreiche Nation mit mehr als einer Milliarde Einwohnern. Eine Wirtschaftsmacht, die in atemberaubendem Tempo wächst und ein Absatzmarkt, auf den die halbe Welt scharf ist. Wie alle Ständigen Mitglieder des UN-Sicherheitsrates ist China auch eine Atommacht. Schätzungen des „Institute for Science and International Security" zufolge, verfügt die Volksrepublik über mindestens 400 Nuklearsprengköpfe. Außerdem vermuten Sicherheitsexperten im Reich der Mitte 30 bis 40 Interkontinentalraketen und mehr als 100 mit Atomwaffen bestückte Mittelstreckenraketen.

Allein im Hochland von Tibet sind nach Angaben der Gesellschaft für bedrohte Völker 500 000 chinesische Soldaten stationiert. Weil Peking in den tibetischen Gebieten massiv Chinesen ansiedelt, sind die Tibeter in vielen Regionen bereits heute eine Minderheit im eigenen Land geworden. Schon jetzt stehen sechs Millionen Tibetern im tibetischen Kernland etwa 7,5 Millionen Han-Chinesen gegenüber. Und da soll der Dalai Lama aus seinem indischen Exil heraus ernstlich die Spaltung Chinas vorantreiben – wie die chinesische Regierung nicht müde wird zu betonen? Ohne Waffen, mit nichts als einem buddhistischen Mantra auf den Lippen? Die Zeiten, in denen man derart dreiste Lügen für wahr erachten konnte, sind Gott sei Dank vorbei.

Es gibt mehrere Ursachen für den unermüdlichen und steten Protest der Chinesen. So könnte eine Autonomie Tibets die Loyalität anderer ethnischer Minderheiten im Land erschüttern; wie zum Beispiel die der Mongolen oder Uiguren. Auch kämen unter einer demokratisch gewählten tibetischen Regierung die Verbrechen ans Licht, die von Chinesen an Tibetern verübt wurden und bis heute verübt werden. Die chinesischen Machthaber vernichteten durch Zwangskollektivierung nicht nur die traditionelle Lebensgrundlage der Bauern und Nomaden – sie zerstörten mehr als 6 000 buddhistische Klöster, Tempel und historische Bauten; es waren die Herzstücke der tibetischen Kultur.

Die internationale Juristenkommission in Genf berichtet von Zwangssterilisationen und Zwangsabtreibungen unter Tibeterinnen; Amnesty international zählte im letzten Jahr mehr als 250 gewaltlose politische Gefangene. Gar nicht zu reden von den Diskriminierungen der Tibeter im Alltag, den Behinderungen bei Schulausbildung und Arbeits-

September 2007: Angela Merkel empfängt den Dalai Lama im Bundeskanzleramt.

platzsuche und so weiter. Über all das möchte die chinesische Regierung dann doch lieber schweigen. Aber es ist gut, dass Angela Merkel sich den Mund nicht verbieten lässt. Dass sie zur Freiheit der Meinungsäußerung steht und zum Selbstbestimmungsrecht der Völker. Wenn die Bundeskanzlerin sich vom chinesischen Protestgeschrei nicht beirren lässt, wird sie die deutsch-chinesischen Beziehungen nicht in eine Katastrophe führen. Die staatliche Integrität des großen China wird nicht dadurch beschädigt, dass Angela Merkel zu ihren Überzeugungen steht. Eine klare Position muss den Dialog mit China durchaus nicht in jedem Fall behindern – sie kann ihn sogar befördern. Diese Erkenntnis zu gewinnen, kann für die chinesische Regierung eigentlich nicht zu schwer sein.

(Zit. nach: http://www.dradio.de/dlf/sendungen/kommentar/673195/)

M 5 Chinas Engagement für Tibet aus der Sicht des chinesischen Rundfunks

Demokratie

Die Bewohner des chinesischen Autonomen Gebiets Tibet genießen aufgrund des Systems der Gebietsautonomie der nationalen Minderheiten Demokratie und Freiheit. Dies betonte der Vorsitzende der Regierung des chinesischen Autonomen Gebiets Tibet, Qiangba Puncog, am Donnerstag [Oktober 2007] in einem Interview in Peking.

Die Bevölkerungsstruktur im Autonomen Gebiet habe sich bislang nicht verändert. Nach wie vor gehörten 90 Prozent der Bewohner des chinesischen Autonomen Gebiets Tibet der ethnischen Minderheit der Tibeter an. Die dort lebenden Han-Chinesen machten nur fünf Prozent der Gesamtbevölkerung des Gebiets aus. Andere nationale Minderheiten stellten drei Prozent der Gebiets-Bevölkerung.

Die traditionelle tibetische Kultur erlebe eine Blüte, die traditionelle und die moderne Kultur befruchteten sich gegenseitig, so der Regierungsvertreter des Autonomen Gebiets Tibet.

(Zit. nach: http://german.cri.cn/221/2007/10/19/1@83439.htm)

Traditioneller Umzug beim Neujahrsfest in Tibet

Wirtschaftsförderung

Das chinesische tibetische Autonome Gebiet hat vor, die regionale Wirtschaft entsprechend der Besonderheit des Hochplateaus schwerpunktmäßig zu entwickeln. Dadurch soll das Vorkommen natürlicher Ressourcen in einen wirtschaftlichen Vorteil umgewandelt werden.

In den letzten Jahren haben sich in Tibet mehrere regionaltypische Branchen besonders schnell entwickelt. Dazu gehören die Verarbeitung von Landwirtschafts- und Viehzuchtsprodukten, die Bergbaubranche, die tibetische Medizin und der Tourismus. Dies ist auch der Entwicklung anderer Branchen in Tibet zugute gekommen. Das Niveau und die Qualität des Lebens der dortigen Bevölkerung haben sich dadurch erhöht.

(Zit. nach: http://german.cri.cn/221/2007/10/12/1@83113htm)

Zu den touristischen Attraktionen gehört die 2006 in Betrieb genommene Tibet-Bahn, die höchstgelegene Bahnstrecke der Welt. (Ein Polizist steht Wache an der Brücke über den Lhasa-Fluss.)

Lhasa

Um den Einwohnern Lhasas, der Hauptstadt des chinesischen Autonomen Gebiets Tibet, eine bessere Lebens- und Wohnqualität zu bieten, will die Regierung in Lhasa etwa 15 Millionen Yuan RMB für den Bau neuer Parks einsetzen. Damit soll Lhasa bis 2012 zu einer grünen Stadt umgestaltet werden.

Wie vom Bauamt Lhasas zu erfahren war, wird derzeit intensiv an acht Parks mit einer Gesamtfläche von über 30 000 Quadratmetern gebaut. Die Parks sollen den Bürgern für Spaziergänge und sportliche Aktivitäten frei zur Verfügung stehen. Den Plänen nach soll der Anteil der Stadtteile mit Grünanlagen bis 2012 mehr als 45 Prozent der gesamten Stadtfläche ausmachen.

(Zit. nach: http://german.cri.cn/221/2007/10/10/1@82996.htm)

Ansicht von Lhasa, der Hauptstadt Tibets

Fernsehen

Seit acht Jahren bietet die chinesisch-tibetische Fernsehstation über Satellit Fernsehprogramme in tibetischer Sprache an. Seit Oktober dieses Jahres [2007] wird nun auch rund um die Uhr in Tibetisch gesendet. Es ist der erste Sender in China, der ein 24-Stunden-Programm in der Sprache einer ethnischen Minderheit bietet. Wie zu erfahren war, werden sowohl Nachrichten als auch Berichte zur Gesellschaft und Bildung, zu Kunst und Kultur, aber auch Filme und Fernsehserien in Tibetisch gesendet. Daneben gibt es auch Serviceprogramme. 300 000 Menschen in Nepal und Indien verfolgen die Programme des chinesisch-tibetischen Fernsehens via Satellit.

Pro Jahr sind mindestens 100 Stunden lange Filme und Fernsehserien auf Tibetisch neu synchronisiert worden. Die chinesisch-tibetische Fernsehstation verfügt derzeit über etwa 5 000 Programmstunden auf Tibetisch. Neben Filmen und Fernsehserien zeigt der Sender auch Dokumentarfilme und Natur- und Reisedokumentationen.

(Zit. nach: http://german.cri.cn/221/2007/10/08/1@82873.htm)

Nationale Literatur

Wie auf der 17. Konferenz für Herausgabe und Vertrieb der Bücher in tibetischer Sprache zu erfahren war, hat China bisher mehr als 6 000 Bücher in tibetischer Sprache veröffentlicht. Die Konferenz fand vom 10. bis 13. Oktober [2007] in Peking statt. 60 Verlagsvertreter aus Tibet, Qinghai, Gansu, Sichuan, Yunnan und Peking, die sich mit der Veröffentlichung von Büchern in tibetischer Sprache beschäftigten, nahmen an dieser Konferenz teil.

Angaben zufolge hatten die teilnehmenden Verlage in den vergangenen Jahren entsprechend den Gegebenheiten in den tibetischen Gebieten und der Nachfrage unter Lesern eine große Menge an Büchern in tibetischer Sprache herausgegeben. Die Inhalte der Bücher beschäftigten sich mit Themen der Sozial- und Naturwissenschaften.

(Zit. nach: http://german.cri.cn/221/2007/10/11/1@83080.htm)

M 6 Forum zur Entwicklung des chinesischen Autonomen Gebiets Tibet am 29./30. November 2007 in Wien

In der österreichischen Hauptstadt Wien ist am Donnerstag das erste Forum zur Entwicklung des chinesischen Autonomen Gebiets Tibet eröffnet worden. Erstmals veranstaltet damit das Pressebüro des chinesischen Staatsrats mit der österreichischen Gesellschaft zur Förderung der wirtschaftlichen Beziehungen zwischen Österreich und China ein internationales akademisches Forum zur Entwicklung Tibets. Im bekannten Wiener Kursalon nahmen mehr als 200 Vertreter des politischen, wirtschaftlichen und kulturellen Lebens Chinas und Österreichs an der Eröffnungszeremonie des Forums teil.

Der stellvertretende Leiter des Pressebüros des chinesischen Staatsrats, Qian Xiaoqian, sagte: „Das Forum stellt für das chinesische Autonome Gebiet Tibet eine große Chance zur Modernisierung dar. Denn im Rahmen des Forums können die Vertreter des Autonomen Gebiets von den Erfahrungen Österreichs lernen. Experten und Persönlichkeiten aus verschiedenen Kreisen können bei dieser Gelegenheit Ansichten und Erfahrungen austauschen, Kooperationen können gepflegt werden. Die internationale Gemeinschaft kann dadurch die Fakten und die Realitäten im Autonomen Gebiet Tibet besser kennen und einschätzen lernen. Zudem kann die gesunde Entwicklung und die Modernisierung Tibets auch durch das wachsende Verständnis, durch die Vertiefung der Freundschaft und Zusammenarbeit Chinas mit anderen Staaten der Welt erheblich gefördert werden."

Im Rahmen des Forums wird zwischen dem Studiengang Tourismus der österreichischen Fachhochschule in Klessheim und dem tibetischen Institut für fachliche Technik eine Partnerschaft begründet werden. Die österreichische Stadt Güssing und die tibetische Gemeinde Bayi werden zu Partnergemeinden.

Der Vorsitzende der Gesellschaft zur Förderung der wirtschaftlichen Beziehungen zwischen Österreich und China, Franz Löschnak, sagte: „Wie für ganz China gilt natürlich auch für die Autonome Region Tibet die rasante wirtschaftliche Entwicklung, die dort stattfindet, als Anreiz für Kooperationen zwischen österreichischen Firmen und Firmen in China. Aber es gibt daneben auch andere Aspekte. Wenn ich zum Beispiel denke, dass es ein starkes Bestreben gibt, zwischen dem tibetischen und dem österreichischen Tourismus hier Kooperationen herzustellen, weil Österreich als Tourismusland schlechthin in Europa bekannt ist und daher viel Erfahrung auf diesem Gebiet hat und daher einem Tourismus wie in Tibet sicher einiges an diesen Erfahrungen weitergeben kann, damit Fehler, die hier in Österreich gemacht wurden durch Jahrzehnte, vielleicht in Tibet nicht gemacht werden."

Der stellvertretende Oberbürgermeister der Stadt Wien, Sepp Rieder, setzt große Hoffnungen in dieses Forum: „Weil es auch hier darum geht, nicht nur den Blick zu reduzieren auf die touristische Dimension Tibets, sondern einen umfassenden Gesamtblick zu geben; und zum Zweiten es hier in diesem Forum ja darum geht, dass gemeinsam chinesische Experten und europäische, österreichische, Wiener Experten hier Dinge weiterentwickeln. Und ich glaube, dass es in Zeiten der Globalisierung wichtiger ist denn je, solche gemeinsamen Entwicklungsprojekte zustande zu bringen. Ich wünsche daher umso mehr, und ich bin davon überzeugt, dass morgen nicht der Abschluss dieses gemeinsamen Gesprächs und Dialogs ist, sondern dass sich aus diesem Dialog eine Fortsetzung einer intensiven Zusammenarbeit auf verschiedenen Gebieten ergeben wird."

Das chinesische Autonome Gebiet Tibet ist auch als „Dach der Welt" bekannt. Seit Langem steht dieses Autonome Gebiet Chinas im Fokus der internationalen Gemeinschaft. Das chinesische Autonome Gebiet Tibet entstand 1965. Seitdem hat die wirtschaftliche und gesellschaftliche Entwicklung Tibets große Veränderungen erlebt. In den vergangenen sechs Jahren hat das Autonome Gebiet Tibet ein Wirtschaftswachstum von zwölf Prozent gehabt. Die Einkommen der Hirten und Bauern sind um mehr als ein Drittel gestiegen. Die Bevölkerung hat ein Recht auf Bildung, auf medizinische Betreuung, und es herrscht Glaubensfreiheit.

Der stellvertretende Vorsitzende des chinesischen Autonomen Gebiets Tibet, Nima Tsering, erklärte, die Hauptaufgabe der Regierung des Autonomen Gebiets sei, die Lebensbedingungen der Bevölkerung des Autonomen Gebiets zu verbessern: „Im vergangenen Jahr konnten mehr als 100000 Bauern- und Hirtenfamilien aufgrund eines Wohnungsprojekts neue Wohnungen beziehen. Das Projekt findet großen Anklang. Außerdem befassen wir uns mit dem Problem der Trinkwasserversorgung, wir verbessern das Verkehrsnetz und die Stromversorgung, ebenso die medizinische Betreuung und versuchen, allen Menschen eine Arbeit zu geben. Wir werden dafür sorgen, dass die Einkommen der Bevölkerung im Autonomen Gebiet Tibet steigen. Auch sie sollen die Erfolge der Reform und Öffnung genießen und ein modernes Leben führen können."

Der Direktor der Raiffeisen-Zentralbank Österreich AG, Eberhard Winkelbauer, äußerte sich erfreut über die verbesserten Lebensbedingungen der Bevölkerung im chinesischen Autonomen Gebiet Tibet: „Es gibt natürlich auch bei uns klarerweise unterschiedliche Ansichten darüber, aber sehr viel, was man also sieht und was man hört, spricht natürlich dafür, dass in letzter Zeit die Entwicklung in Tibet sich also sehr, sehr stark, vor allen Dingen auch wirtschaftlich, für die Bevölkerung verbessert hat, da dürfte es keinen Zweifel geben."

(Zit. nach: http:/german.cri.cn/221/2007/11/30/1@85611.htm)

Die Parteien in China:

> Kommunistische Partei Chinas

Im Rahmen eines Konsultationssystems beteiligen sich folgende Parteien am politischen Willensbildungsprozess und bei der Durchsetzung der Gesetze und Verordnungen des Landes:

- das Revolutionäre Komitee der chinesischen Kuomintang-Partei (seit 1948)
- die Demokratische Liga Chinas (seit 1941)
- die Gesellschaft für den Demokratischen Nationalen Aufbau (seit 1945)
- die Gesellschaft für die Förderung der Demokratie Chinas (seit 1945)
- die Demokratische Partei der Bauern und Arbeiter Chinas (seit 1930)
- die Zhi Gong Dang Chinas (seit 1925)
- die Studiengesellschaft des 3. September (seit 1944)
- die Demokratische Selbstbestimmungsliga Taiwans (seit 1947)

Diese Parteien sind keine Oppositionsparteien, sondern unterstützen die Regierung im Zentralkomitee.

Ein Zeit-Artikel des Altbundeskanzlers Schröder im Streit der Meinungen

In der Online-Ausgabe der Wochenzeitung *Die Zeit* erschien im Juli 2008 ein Artikel des früheren Bundeskanzlers Gerhard Schröder, in dem dieser seine Sicht der politischen und wirtschaftlichen Verhältnisse im heutigen China darstellt. Schröder geht dabei auf historische Voraussetzungen ebenso ein wie auf seine vielfältigen Erfahrungen aus seinen China-Reisen. Dieser Artikel löste angesichts der Olympiade in China 2008 und der Diskussion um den Status von Tibet sowie die Menschenrechte in China eine breite Resonanz in der Öffentlichkeit aus. Im Folgenden werden einige dieser Stellungnahmen dem Artikel gegenübergestellt und dabei der Authentizität wegen weitgehend in ihrer originalen Form belassen; lediglich sinnentstellende orthographische Fehler wurden der Lesbarkeit halber korrigiert.
In diesem Forum können Sie sich in eine aktuelle Diskussion einschalten. Während die nachgeordneten Beiträge spontan erfolgten und daher auch manchmal einseitig, undifferenziert, polemisch, glossierend, verkürzend sein können, liegt es an Ihnen, nach der Erarbeitung der historischen Sachverhalte in diesem Band sowohl den Basisartikel auf seine Zuverlässigkeit hin zu überprüfen als auch die Kommentare kritisch zu hinterfragen und um Ihre eigene Stellungnahme zu ergänzen. Sie werden hier mit der Methode der Interpretation publizistischer Texte vertraut gemacht, beziehen doch viele politisch interessierte Leser aus diesen Quellen die Informationen für ihr eigenes Bild zu einem aktuellen Thema.

- **Menschenrechte in China – Meinungsbildung zu einem schwierigen Thema**

Hinweise zum Vorgehen:

1. Erarbeiten Sie nach dem vorgeschlagenen methodischen Muster zunächst den Basisartikel (M 1), indem Sie die Kernaussagen zusammenfassen, soweit möglich die Begründungen überprüfen und abschließend das politische Interesse des Autors einschätzen und kritisch beurteilen. (Berücksichtigen Sie auch die Informationen zu den Menschenrechten auf den Seiten 15, 18, 58, 65 und 79).
2. Bilden Sie Teams, die jeweils einen der Kommentare (M 2) analysieren und das Ergebnis Ihrem Verständnis des Basisartikels gegenüberstellen.
   ➧ **Tipp:** Gruppieren Sie im Plenum nach Art einer Mindmap die einzelnen Kommentare nach sachgerechten Gesichtspunkten.
3. Bilden Sie sich im Licht dieser Diskussion Ihre eigene begründete Meinung und legen Sie diese Ihrer Einstellung zu dem Thema in Zukunft zugrunde. Dabei helfen Ihnen folgende Fragen:
   a) Was ist bei dem Thema strittig und aus welchem Interesse ist es so?
   b) Welche dieser Aspekte sind für mich von Bedeutung?
   c) Welche Schlussfolgerung bevorzuge ich?
   d) Auf welche Quellen und Argumente kann/will ich mich dabei stützen?

Methode

Analyse publizistischer Texte

A. Worum geht es bei der Analyse publizistischer Texte?

Zeitungen und Online-Ausgaben von Pressestationen und Medienhäusern enthalten Berichte, Nachrichten, Interviews, Kommentare, Dokumente, Leserbriefe, Chats, Foren, aus denen die Leser, Zuschauer oder Mediennutzer Informationen beziehen und eingeben können. Die ursprünglich eher rezeptive Aufnahme von Zeitungsnachrichten ist damit einer interaktiven, öffentlichen, weltweiten Diskussion zum Zeitgeschehen gewichen. Der Slogan „Bild dir deine Meinung" hat dadurch an Aktualität nur gewonnen und verlangt eine sorgfältige Analyse der Texte.
Im Mittelpunkt stehen Berichte und Informationen, die von den Autoren – Journalisten, Politikern, Experten, Prominenten, Zeitzeugen –, also Menschen mit

ganz unterschiedlichen Kompetenzen, dargestellt werden. Nicht allen Texten ging eine gründliche Recherche voraus, nicht alle stellen ein umfassendes, multiperspektivisches Bild von Ereignissen vor. Neben der redaktionellen Bearbeitung ist besonders das politische Interesse zu berücksichtigen, mit dem Autoren eine bestimmte Meinung verbreiten wollen. Auch die gesellschaftlichen Erwartungen an Meinungen, die „political correctness", und die von den führenden Medien lancierte Aktualität eines Themas sind zu beachten. Wegen der Bedeutung von öffentlicher Meinung für die Akzeptanz politischer Entscheidungen, für das Ansehen von Personen und damit letztlich auch für die Haltungen der Öffentlichkeit bei Wahlentscheidungen, Abstimmungen, Einstellungen und Verhaltensweisen ist die enge Verzahnung der Interessen von Politikern und Medienvertretern bei publizistischen Texten zentral. Eine wirklich unabhängige Presse ist nicht mehr existenzfähig. Der Beteiligung der Leser durch Chats, Foren und Leserbriefe kommt daher eine besondere Bedeutung zu: Einerseits wird es möglich, neben Umfragen schnell die Meinungen der Bevölkerung zu erkennen und die Wirkung von Kampagnen zu prüfen; andererseits können sonst ungehörte Meinungen eine breite Öffentlichkeit gewinnen.
Während die Analyse publizistischer Texte im wesentlichen den bekannten Verfahren der Analyse schriftlicher Quellentexte folgen soll, gilt dem Prozess der Meinungsbildung ein zusätzliches Augenmerk.

B. Schritte der Analyse publizistischer Texte

In folgenden Schritten vollziehen Sie die Textanalyse zu einer begründeten Meinungsbildung. Das Konzept geht zurück auf ein Projekt der Neuen Zürcher Zeitung (vgl. www.eigenemeinung.ch).

1. Schritt – Analytische Bestimmung des Ausgangspunkts der Meinungsfindung:	Textanalyse: Autor – Thema – Textsorte, Sachbezug (Hintergrund-Recherche), Sprachverwendung (Polemik, Fachbegriffe, argumentativer/appellativer Stil), Thesen, Argumente, Beispiele, Schlussfolgerungen.
2. Schritt – Einordnung des Textes in den Diskussionsprozess:	Positionsbestimmung: Wo steht der Autor politisch? Informiert oder manipuliert er die Leser? Ist ein abgewogenes Urteil erkennbar? Welche Erwartungen werden bedient?
3. Schritt – Einschätzung des Informationswertes der Quelle:	Recherchieren Sie im Umfeld, ob die Textaussagen überzeugen können. Bauen Sie gegebenenfalls eine Entgegnung auf (Kernthese, Hauptargument), die beim kritikwürdigsten Punkt ansetzt.
4. Schritt – Standpunkt analysieren und argumentieren:	Klären Sie im Diskurs Ihre eigene Meinung im Verhältnis zum Text und zum Thema: Abwägen des Pro und Kontra; Berücksichtigung anderer, notwendiger Aspekte; Zurückweisung einseitiger Darstellung; Überdenken eigener Ansichten.
5. Schritt – Meinung bilden:	Organisieren Sie als Analyseergebnis Ihre Einstellung zum Thema neu, indem Sie z. B. eine Entgegnung formulieren, Folgerungen überlegen, eine eigene politische Meinung vertreten.

MATERIALIEN

M 1 Gerhard Schröder: China – Warum wir Peking brauchen

Kooperation statt Konfrontation: Deutschland muss die Modernisierung Chinas unterstützen und auf Belehrungen oder Bloßstellungen verzichten.

Gerhard Schröder in der „Verbotenen Stadt" von Peking, November 1999

Als Bundeskanzler bin ich jedes Jahr einmal nach China gereist. Nun, seit dem Ende meiner Amtszeit, bin ich drei- bis viermal im Jahr in China. Da ich nicht mehr im engen Terminkorsett des Amtes stecke, habe ich jetzt Gelegenheit, häufiger und vor allem ausführlicher als früher mit Politikern, Unternehmern und Intellektuellen zu sprechen. Meine Reisen führen mich nicht mehr nur nach Peking und Shanghai, sondern auch in die aufstrebenden Provinzen des Landes. Ich empfinde diese Gespräche als großes Geschenk, denn sie entwickeln sich stets zu interessanten Diskussionen, bei denen ich noch mehr über das Land lerne, die meinen Blick auf China schärfen und mich zugleich in meiner Überzeugung bestärken, dass wir China als Partner brauchen.

Uns Deutschen gegenüber sind die Chinesen sehr offen und zugeneigt. Dieses Angebot der Zusammenarbeit dürfen wir nicht abweisen, denn China ist für uns nicht nur aus ökonomischen, sondern auch aus politischen Gründen immens wichtig. Nach dem Ende des Kalten Krieges und der Bipolarität haben wir eine Übergangsphase amerikanischer Dominanz erlebt. Nun ist die Welt auf der Suche nach einer neuen Ordnung und alles deutet darauf hin, dass wir künftig mehrere Pole der Weltpolitik haben werden. Neben den USA wächst die globale Bedeutung Russlands, Indiens und Chinas. Ob das vereinigte Europa die Kraft hat, sich zu einem weltpolitisch bedeutsamen Akteur zu entwickeln, ist offen. Die aktuellen Ereignisse und Rückschläge geben noch keinen Grund zu Optimismus. Fakt bleibt, dass wir China zur Bewältigung der großen internationalen Herausforderungen brauchen. Herausforderungen wie zum Beispiel der Klimawandel, die Energiesicherheit, die unkontrollierte Migration, die Bekämpfung des Terrorismus oder die Nichtverbreitung von Massenvernichtungswaffen können nur mit und nicht gegen China gemeistert werden. Und gerade Deutschland, das wie kein anderes europäisches Land international verwoben ist, muss für die enge Einbindung Chinas in die Weltordnung werben und arbeiten.

Alle, die das Land kennen, wissen, dass wir dieses Ziel nicht durch öffentliche Anklage Chinas, sondern nur durch vertrauensvolle Zusammenarbeit erreichen werden. Mein Eindruck ist, dass wir in Deutschland unsere eigenen Möglichkeiten nicht ausreichend nutzen, um an der Öffnung und Modernisierung Chinas mitzuwirken. Deutschland könnte von allen europäischen Staaten den größten Einfluss haben, aber derzeit positionieren sich andere Länder, etwa Frankreich, politisch, wirtschaftlich und kulturell wesentlich besser.

China hat in den vergangenen 30 Jahren eine äußerst positive Entwicklung genommen. Vor 1978 war seine Gesellschaft von Hunger, Not und Unterdrückung gekennzeichnet. Wer Chinesen heute trifft, vor allem in den Großstädten an der Küste, aber auch in den Metropolen der Provinzen, der erlebt gebildete, weltoffene und aufgeklärte Menschen. Der Wohlstand, der breite Schichten der Bevölkerung erreicht hat, gibt Sicherheit. Wer über China redet, muss anerkennen, dass das Land in den vergangenen drei Jahrzehnten rund 400 Millionen Menschen aus bitterster Armut und Hunger befreit hat. Wenn man die Lebensstandards in China und Afrika vergleicht, die vor 30 Jahren auf einem ähnlichen Niveau waren, dann hat China einen gewaltigen Schritt getan, indem es seinen Bürgern ein besseres Leben ermöglicht hat.

Es gehört zu den größten zivilisatorischen Erfolgen des vergangenen Jahrhunderts, dass China diesen Modernisierungsschritt vollzogen hat und zugleich als Vielvölkerstaat seine Stabilität wahren konnte. Aber immer noch gibt es Menschen im Land, die von weniger als einem US-Dollar pro Tag leben müssen. Daher ist verständlich, dass die chinesische Führung der Verwirklichung der sozialen Menschenrechte Vorrang gibt. Wir können zuver-

sichtlich sein, dass es China in der nächsten Dekade gelingen wird, diese existenzielle Armut, die insbesondere auf dem Land noch herrscht, zu überwinden.
Die Öffnung und Modernisierung im Inneren ist mit einer ausgleichenden Rolle nach außen einhergegangen. In allen Konflikten, die sich an den Grenzen Chinas abspielen – ob Kaschmir, Taiwan, Nordkorea –, setzt die chinesische Führung auf friedliche Lösungen und auf Verhandlungen. Peking hat eine Entspannungspolitik mit Taiwan und Japan eingeleitet, die über wirtschaftliche und zivilgesellschaftliche Kontakte forciert wird. Die Armee wurde seit 1987 um rund ein Drittel reduziert, die Militärausgaben liegen bei etwa einem Zehntel der amerikanischen. Verstärkt wird das Land aktiv bei Friedensmissionen der Vereinten Nationen.

(Zit. nach: DIE ZEIT, Nr.30/17.07.2008; http://www.zeit.de/2008/30/China)

M 2 Dazu äußern Leser ihre Meinungen

a) Autor: Sharepoint, 20.07.2008, um 10.15:
Meine persönliche Hochachtung für Herrn Schröder
Eine vernünftige und zukunftsorientierte Überzeugung!
... dieses Ziel nicht durch öffentliche Anklage Chinas, sondern nur durch vertrauensvolle Zusammenarbeit erreichen werden ... G. Schröder

b) Autor: Therapeut99, 20.07.2008, um 10.37:
objektiv und realistisch
Eigentlich ist den Ausführungen von Gerhard Schröder nichts hinzuzufügen.
Er verliert sich nicht in klein-klein, sieht die Situation und die Zukunft nüchtern und richtig.
Wenn man dagegen das Verhalten von Frau Merkel bei China-Besuchen sieht und ihre Anstrengungen bzw. die Anmahnung von Menschenrechten, ist man peinlich berührt. Dazu das Lächeln der chinesischen Führung über die kleine Schulmeisterin, in deren Land bei der Unterschicht auch oft der Ruf nach Menschenrechten ertönt, so ist das für Deutschland ein sattes Negativum.

c) Autor: clavel, 20.07.2008, um 10.44:
demokratisches China
nun zum glück ist china ein grosses, weites land lieber herr schröder und beschert der gazprom sicher hohe kapitalaussichten, da lohnt sich schon so ein bischen mehr schönreden aber politisch gesehen lässt peking doch eher die muskeln spielen und übt sich in kommunistischer machtgier und kontrolle in den provinzen, allem voran in tibet ... (das land wo der dalai lama vertrieben wurde, auch schon besucht?) aber glückwunsch zu ihren erkenntnissen ... so ne gemütliche augenwischerei am sonntagmorgen ... da sieht doch das weltbild hübsch rosarot aus ...

d) Autor Purzelwald, 20.07.2008, um 11.03:
Dies ist eine Antwort auf Kommentar Nr. 3. Nun ja, auch die Chinesen sind auf dem besten Weg „lupenreine Demokraten“ zu werden. Und es ist natürlich auch verständlich, dass der Chinesischen Führung momentan wichtigere Probleme am Herzen liegen als die Menschenrechte. Man sollte da nicht zu oberlehrerhaft daherkommen und auf die Menschenrechte pochen. Da verärgert man sie ja nur ...
Aber Ironie beiseite: Natürlich bringt es nichts nur den Lehrer und Großmeister raushängen zu lassen – da stimme ich Herrn Schröder zu. Probleme, die man aber nicht anspricht, werden aber auch nicht behoben. Insofern ist es nur gut, wenn Deutschland im Dialog mit China nicht nur die Wirtschaft an Vorderste Stelle stellt und Menschen- und Bürgerrechte lässt sondern auch auf die Probleme hier hinweist.
Wie immer gilt aber auch hier: Wenn Kritik, dann konstruktiv. Der Rechtsstaatdialog ist hierfür ein schönes Beispiel, nur leider nicht sehr effektiv, wenn er bei jeder Kleinigkeit von der Chinesischen Führung eingefroren wird. Herr Schröder redet hier von öffentlichkeitswirksamen Aktionen deutscher Politiker. Aber im Vergleich zur Chinesischen Führung, die jede Kritik von außen der eigenen Bevölkerung in den Staatsmedien als Beleidigung Chinas verkauft und als „Strafe“ Gespräche aussetzt, handeln Deutsche Politiker hier gerade mit dem Maß an Öffentlichkeitsarbeit, die auch sinnvoll und wünschenswert ist.
Wichtig finde ich allerdings noch China eine Chance zu geben und nicht zu viel Vorleistung zu verlangen. China steht am Anfang eines Wegs, der hoffentlich in eine gute Richtung führt. Hier ist es aber immer wieder notwendig anzusprechen, wenn der Weg in die „falsche“ Richtung geht oder stecken bleibt.

e) Autor stier1952, 20.07.2008, um 11,39:
Note 1!
Dieser Beitrag von Schröder sticht wirklich meilenweit hervor über sonstige Beiträge anderer Mitglieder der politischen Elite zum Thema China.
Wirklich sachlich, fundiert, klar und auch überzeugend. Beiträge zu politischen Diskussionen auf diesem Niveau liest man leider nur noch sehr selten. Vielleicht sollte man noch ergänzen, dass die Bei-

träge der Union zu China ihre Basis in der Politik der USA gegenüber China haben. Die Regierung der USA begreift China immer mehr nicht als Partner, sondern als Konkurrent und Gegner. Und als perfekte „Atlantiker" versuchen Teile der Union in vorauseilendem Gehorsam, die deutsche Politik auf die neue Linie einzuschwören. Ob das den deutschen Interessen entspricht? Die Union scheint es so zu sehen. Und zum Thema Tibet auch noch einige Anmerkungen:
Die allgemeine Schulpflicht in Tibet wurde von den Chinesen eingeführt, es gab sie zu Zeiten der Herrschaft des Dalai Lama nicht. Ebenso den Zugang zu medizinischer Versorgung für alle Menschen. Es gab auch früher nie freie Wahlen in Tibet. Die Menschen in Tibet wurden früher auch nie gefragt, ob sie die hohen Abgaben für die Klöster und den buddhistischen Klerus leisten wollen oder nicht. Und die Chinesen haben es verboten, Kinder ab drei Jahren ins Kloster zu geben. Kinder dürfen jetzt erst ab 16 ins Kloster gehen. Ob das eine Unterdrückung der tibetischen Kultur ist?
Damit will ich die Menschenrechtsverletzungen der Chinesen nicht rechtfertigen, aber leider gibt es nicht nur Weiss und Schwarz (die Guten und die Bösen), es gibt dazwischen auch noch jede Menge Grautöne.

f) Autor: Gerhard Stenkamp, 20.07.2008, um 11.40:

Lieber Genosse Gerhard!
Das ist schon ein guter Artikel, den Du da geschrieben hast, ich werde ihn mir ausdrucken und Punkt fuer Punkt noch einmal gruendlich durchgehen!
Was aber an China definitiv nervt und was heute, ja sofort abgeschafft werden koennte, abgeschafft werden muss, ist die Unterdrueckung der Meinungsfreiheit!
Wer sich als auslaendischer Reporter im Hinterland fuer die Belange, die Schmerzen, Wunden, das Leid Benachteiligter interessiert, hat es sofort mit der Staatssicherheit zu tun, abgekuerzt koennte man von Stasi sprechen!
Vielleicht war die China-Stasi bei Dir, lieber Gerhard, nicht ganz so aufdringlich, wahrscheinlich aber wegen Deiner Person!
Einem Durchschnittsreporter kann es da schon uebler ergehen!
Die Meinungsfreiheit ist das absolute Minimum, wenn die nicht gewaehrt wird, muessen wirtschaftliche Kontakte nicht ausgebaut werden, nein, dann muessen sie zurueckgefahren werden, denn dann haben wir es mit einer nicht mehr tolerierbaren Form der Diktatur zu tun!
Meinungsfreiheit ist das absolute Minimum, das muessen wir einfordern oder boykottieren!
Gerhard Stenkamp

g) Autor: Aflaton, 20.7.2008, um 12.39:

Rechtsstaat und Rechts-statt – Hase und Igel – viele – eigentlich die meisten Ausführungen und offenen oder verborgenen Hinweise von Herrn Schröder kann man so nur unterstützen. Das ist sehr akzentuiert, wie er spricht und hier seine Verhaltensregeln gegenüber China postuliert. Andererseits – auch das hiesige Rechtsstaatliche System befindet sich im Umbruch – auch hier sind viele Maßnahmen erforderlich, um den Rechtsstaat und seine Form der wie auch immer gearteten – einstmals sozial genannten Marktwirtschaft auf das 21. Jahrhundert auszurichten. Dieser Umbruch wird jedoch häufig aus provinzpossenähnlichen Gründen von Seiten einer primär auf Machterhalt fixierten Stagnationsverwaltung blockiert. Wie kann in einer solchen Phase des Macht- und primär Wertevakuums Rechtstaatlichkeit sinnvoll exportiert werden? Das würde mich sehr interessieren.
Denn – dass Olympia eine Chance ist – und auch vom Dalai Lama als solche empfunden wird – für das chinesische wie für das tibetische Volk – und all die anderen Minderheitenvölker ohne Lobby – das ist unumstritten. Dass nur wohlakzentuierte Entspannung eine Ein-China-Politik ermöglichen kann – das wissen die Herren im ZK der KP sehr wohl. Es gibt dort sehr kluge und weise Köpfe, die sehr lernfähig sind. Es gibt aber auch Betonköpfe. Herr Schröder hat wohl Recht, dass Austausch und einfühlendes – wie eindenkendes Verhalten not tun und mithin der Königsweg der Diplomatie sind.
Dennoch – auch Mitteleuropa befindet sich im Umbruch – auch hier liegt vieles im Argen – der Wertekanon – gerade, was die Menschenrechtslage betrifft ist da doch sehr aufgeweicht. 26 Jahre nach der „geistig-moralischen Wende" des Altkanzlers Kohl gibt es da manches Vakuum zu beklagen. Wenn also wir hier rechtsstaatliche Werte an eine aufstrebende Demokratie vermitteln, dann wäre zu wünschen, dass dieser notwendige Austausch auch eine Relativierung des Status-Quo-denkens hierzulande bewirken würde – und zu einer Festigung des ureigenen Wertekanons führen würde. Da liegt jedoch der Hase im Pfeffer – die hierzulande immer weiter aufklaffende Schere zwischen Verfassungsanspruch und Verfassungswirklichkeit – die wirkliche Transformation der Werte der Aufklärung in die Jetzt- und Morgenzeit findet nicht – oder nur ungenügend statt. Man möchte insofern mit Joseph Beuys fragen – wie erkläre ich einem toten Hasen

die Kunst? – oder hier – wie erklärt ein gelähmtes Eichhörnchen einem noch nicht geborenen Kaninchen den Fuchsbau, wenn das gelähmte Eichhörnchen auf dem Boden hockt – Aug in Aug mit einem wild strampelnden angeschossenen Coyoten – und – wo ist der Fuchs – noch besser – wer ist der Fuchs? Und – auch die Rolle der wachenden Gänse ist da noch unklar. Aber – vielleicht kann mir einer der chinesischen Kollegen hier dieses Bild in die Sprache des Kranichs, der Schlange, der Ratte, des Affen, des Schweins, des Hundes – und des Drachen übersetzen helfen. Hase und Igel – endlich einen Titel für diesen Kommentar gefunden. Auch die „Eleganz des Igels" ist ja inzwischen sprichwörtlich.

h) Autor: 5Finger, 20.07.2008, um 12.56:
Wahlkrampfwerbung für die SPD
Der Beitrag wurde sehr wahrscheinlich von einem Ghostwriter geschrieben im Namen Schröders. Das ist ein zu guter Text für einen Politiker und Profiteur des Kapitalismus.
Es ist Wahlkampf, eine Werbung für die SPD, in der ihre Politiker als die Retter der deutschen Wirtschaft gepriesen werden. China, die Friedensstifter für Somalier und Simbabwer, für Tibeter und Uiguren, für 66 Millionen vertriebener und enteigneter chinesischer Bauern. Für die Falun Gong bedeutet Olympia ihre Ausrottung, Ermordung und Ersatzteillager für Organe. Das ist nicht politisch korrekt darüber zu reden, das entspricht nicht den Gepflogenheiten, in denen Politiker und Kapitalisten sich bewegen. Denen geht es um ihren Profit, dafür müssen eben andere Gesellschaftsnormen, die nichts mit dem Treiben der Politiker zu tun haben, geopfert werden, so funktioniert der Kapitalismus. Menschenrechte und Zivilisation verhindern doch nur die Vermehrung von Geld und Macht, also wählen wir den chinesischen Weg und zerstören das natürliche Umfeld um den Preis des wirtschaftliche Erfolges.
Die SPD ist dran, sich durch seine Galionsfigur Schröder zum Narren zu machen. Ein Sozialist, der nun ein Vorzeigekapitalist ist, als Wahlkampfhelfer einzuspannen, zeigt, wie wenig die noch mit Gerechtigkeit am Hut haben. Kein Wunder, dass die Menschen in diesem Lande dieser Partei den Rücken kehren.

i) Autor: Logik-Ratio, 20.07.2008, um 12.57:
Sehr netter Artikel – ABER
Möchte ich Ihnen in einigen Punkten massiv widersprechen:
1. Alleine durch die Anzahl der Einwohner müssen wir mit China positiv zusammenarbeiten – keine Frage. Die heutigen Probleme sind global und vertrete ich die Auffassung, dass es unser langfristiges Ziel sein muss, jedem Menschen auf dieser Welt einen angemessenen Lebensstandard zu ermöglichen. Das ist keine Utopie, sondern sollte mit unseren besseren technischen Möglichkeiten zu erreichen sein.
Ich stimme Ihnen also bei Ihrer Bewertung bezüglich des Status der Chinesen voll und ganz zu – China muss respektiert werden – bzw. die Chinesen als Volk.
ABER: […]
a) Selbst wenn der „Papst" Adenauer der Auffassung gewesen ist, dass Taiwan integraler Bestandteil Chinas ist – wie wäre es damit, die Bevölkerung in Taiwan einmal zu diesem Thema zu befragen? Wir reden von einer Demokratie – im Gegensatz zur Regierungsform in Peking – der die Mitgliedschaft in allen wichtigen internationalen Gremien verweigert wird, weil sie sich weigert ihre politischen Rechte aufzugeben – wählen zu dürfen – und zu China – heim ins Reich – zurück zu kommen. Pikant wird das ganze Trauerspiel besonders dann, wenn noch nicht einmal die Kommunikation bezüglich der Vogelgrippe in Taiwan ankommt, weil sie nicht einmal Mitglied in den Organisationen der weltweiten Seuchenbekämpfung sind… sein dürfen…
Die gleichen Probleme haben Sie doch in Tibet – oder bezüglich der Sklaverei und des Menschenhandels in Teilen Chinas. Sicher, wir dürfen nicht bei allem den Standard des Westens anlegen (ansonsten müsste Frau Merkel ähnliche Anmerkungen gegenüber Herrn Bush vorbringen.) ABER in einem Dialog muss dies integraler Bestandteil sein – das Ziel, sei es in 20, 30 oder 50 Jahren muss sein, dass China ein demokratisches Land wird. Ohne politische Freiheit geht es nicht. Ohne diese, wären Sie nie in den Genuss ihrer Position gelangt.
Aber eben diese Forderung und dieses Fernziel fehlt Ihnen vollkommen.
Wenn Sie den wirtschaftlichen Aufschwung in China loben und begrüßen, dass viele Hundert Millionen Menschen aus der Armut geholt wurden, dann vergessen Sie zu erwähnen, dass eben vor allem die Kommunistische Partei die Chinesen erst in diese Armut getrieben hat. (wenn wir die europäische und japanische Mitschuld zu diesem Zeitpunkt als nicht mehr maßgeblich bewerten).
Die Kulturrevolution und der „Große Sprung nach vorne" stellen vielleicht die grausamste Politik dar, die jemals ein Land betrieben hat.
Trotzdem – die Chinesen erfreuen sich zu Recht

und zu meiner großen Begeisterung zunehmend an einem gestiegenen Lebensstandard. Ich würde mir wünschen, dass sie wirtschaftlich und politisch bald da stehen, wo wir heute stehen oder sogar besser. Aber auch hier ist das Wunschdenken leider nicht in der Lage die Realität zu verändern. China zerstört seine Umwelt in einem Tempo, das nahezu unvorstellbar ist. China baut sich heute auf, und bezahlt mit endlichen Ressourcen. Smog, tote Flüsse („noch nicht einmal Würmer leben mehr in unserem Fluss"), fossile Wasserspeicher, deren Grundwasserspiegel jedes Jahr 3–6 Meter tiefer liegt usw. usf.

China tanzt auf Messers Schneide – die Umweltverschmutzungen sind so unvorstellbar in ihrem Ausmaß – die Sonne Kaliforniens färbt sich rot, weil der Dreck aus China soweit gezogen ist.

Herr Schröder, China spielt ein gefährliches Spiel, es setzt voll auf ressourcenintensive Produktion und ist daher von günstiger Energie abhängig. Auch der Spritpreis wird künstlich subventioniert. Sicher produzieren sie damit Waren auch für uns – aber vor allem für die kaufwütigen Amerikaner. Auch das ganze System stelle ich in Frage – ist die Globalisierung nicht nur wegen der günstigen Transportkosten und der nichtexistenten Kosten für Umweltschutz und Sozialabgaben wirtschaftlich? Ist China als Produktionsstandort nicht auch aufgrund der politischen Regeln günstig?

Ich halte Ihre Politik, sowie die Geldgier der Konzerne für kurzsichtig und falsch. Wir müssen China helfen sich zu entwickeln – aber das kann nicht von heute auf morgen geschehen auf Kosten einer zerstörten Umwelt und erkauft durch den Verbrauch von gigantischen fossilen Energien.

Zudem klauen die Chinesen Patente schneller als man schauen kann – Spionage in Betrieben, teilweise von staatlicher Seite (auch im Kanzleramt?) usw. usf.

China hat so viele Probleme, dass es unsere Hilfe dringender benötigt als wir den Produktionsstandort China. Wenn wir dieses Wissen über die gefährlichen und nicht moralischen Zustände und Entwicklungen nicht in eine stärker fordernde (aber auch fördernde) Politik übernehmen, dann spielen wir mit der Zukunft der Chinesen und der unsrigen.

(Zit. nach: http://www.zeit.de/2008/30/China)

M 3 Die Falun Gong als Prüfstein

Die buddhistische Sekte Falun Gong wurde am 22.7.1999 von Präsident Jiang Zemin verboten, weil die Prinzipien „Wahrhaftigkeit, Barmherzigkeit und Nachsicht" als Angriff auf die Allmacht der Regierung galten. Die Sekte wird seither verfolgt, Anhänger gefoltert und hingerichtet. Mit Billigung der Bundesregierung wirkte sich diese Verfolgung auch in Deutschland aus, wie folgender Bericht zeigt, der als Hintergrund zu dem Basisartikel (M 1) gelten kann:

Frau Jiao Li aus Dresden
Sachverhalt: Datum: 12. April 2002

Um 9:30 Uhr morgens fuhr ich mit drei anderen Falun Dafa-Praktizierenden nach Goslar, um dort am Protestmarsch gegen die brutale Verfolgung von Falun Gong durch das Jiang Zemin-Regime teilzunehmen. Wir wussten, dass Jiang Zemin heute Nachmittag nach Goslar kommen würde.

An unserem Wagen war etwas besonders: Damit mehr Menschen von der Verfolgung erfahren können, stellten wir ein mit „SOS Falun Gong" beschriftetes Schild auf das Dach des Wagens. Kurz nachdem wir auf die Autobahn gefahren waren, fuhr ein Polizist auf seinem Motorrad hinter uns her. Aber nach einer Weile war er wieder verschwunden. Gegen 14:30 Uhr nachmittags kamen wir in Goslar an. Überall waren Polizeiwagen und Polizisten. Wir sind zu einer Tankstelle gefahren und telefonierten zuerst mit anderen Praktizierenden, um herauszufinden, wo der Marsch anfängt. Es kam ein Polizeiwagen an, aus dem 3 bis 4 Polizisten ausstiegen. Sie wollten unsere Ausweise überprüfen und unseren Wagen durchsuchen, weil wir uns im Sperrgebiet befänden. Im Wagen waren viele Spruchbänder und Fotos von den zu Tode gefolterten Falun Gong-Praktizierenden in China. Die Polizei hatte jedes Spruchband und unser Privateigentum, wie z.B. gelbe Schals und gelbe Bücher, fotografiert und wollte alles beschlagnahmen. Ich fragte einen Polizisten warum, er antwortete: „Es ist alles in Chinesisch, wir können es nicht verstehen. Und Sie sind im Sperrgebiet erwischt worden, deswegen werden wir alles beschlagnahmen. Wenn der Besuch Ihres Präsidenten zu Ende ist, werden wir sie Ihnen zurückgeben." „Aber das sind doch nur Spruchbänder!", sagte ich. „Es tut mir leid, das ist die Anweisung von oben. Wir müssen es tun", erklärte er. „Sollte es daran liegen, dass Sie kein Chinesisch verstehen, können wir es übersetzen. Unsere Prinzipien sind Wahrhaftigkeit, Barmherzigkeit und Nachsicht, wir lügen nicht!", sagte ich. „Das geht nicht", erwiderte er. „Aber manche Spruchbänder sind doch in Deutsch und die Fotos von den Toten, können Sie die auch nicht verstehen?" Ich war aufgeregt. Sie antworteten: „Ihr Präsident möchte so was nicht sehen. Unser Kanzler möchte die Beziehung zu Ihrem Präsidenten nicht verschlechtern. Wir müssen es tun. Das ist die Anweisung." Ich fragte mit Nachdruck: „Nach welchem Gesetz?" Sie schwiegen.

Dann kam noch ein Polizeiwagen mit ein paar Polizisten dazu. Wir erklärten ihnen unsere Absichten: Wir möchten Menschen die Wahrheit mitteilen, wir möchten gegen die von Jiang Zemin angeordnete Verfolgung protestieren und wir möchten an Jiang Zemin appellieren, die Verfolgung zu beenden. Die Polizisten wurden sehr freundlich. Da ich und eine andere Praktizierende keinen Pass dabeihatten – ich hatte nur den Studentenausweis und die Bahncard bei mir – wurden wir in einen großen Polizeiwagen eingesperrt und zum Polizeipräsidium gefahren.

Dort wurden wir in ein großes Zimmer gebracht, darin waren ein Polizist und eine Polizistin. Der Polizist war nicht sehr groß, er wollte uns sofort fotografieren. Das erinnerte mich an die chinesische Polizei. Darum lehnte ich es ab. Er sagte mir aber: „Ich muss Sie fotografieren." „Nein, das möchte ich nicht. Nur Verbrecher müssen fotografiert werden. Wir sind keine Verbrecher, wir sind gute Menschen", widerlegte ich. Er wurde ungeduldig: „Sie sind bei der Polizei, sie haben keine andere Wahl!" Er brachte die anderen Praktizierenden ins Nebenzimmer, dann schob er mich einmal an, ich sollte zum Fotografieren kommen. Ich verweigerte. Grob schob er mich vor die Kamera. Er und die Polizistin hielten jeweils eine meiner Hände fest. Ich widersetzte mich mit allen Kräften. Aber sie waren sehr stark, ich konnte mich nicht von ihnen freimachen. Deswegen drehte ich meinen Kopf zur Seite. Der Polizist drehte meinen Kopf wieder zur Kamera. Da sie sehr grob mit mir umgingen, schrie ich laut, sodass viele Polizisten ins Nebenzimmer kamen, um zu sehen, was los war. Nach dem Fotografieren wurde ich auch ins Nebenzimmer gebracht. Einige Polizisten kamen mich zu trösten. Jetzt sind sie schon sehr sanft geworden, auch der eben noch sehr grobe Polizist hat mir nichts mehr getan, sondern lächelte nur noch. Sie erklärten mir: Jeder müsse seinen Ausweis mitführen, Ausländer ihren Pass. Ich hätte zwar den Studentenausweis dabei, aber das reiche nicht aus. Ihre Vorgehensweise sei nicht gegen Falun Gong gerichtet. Jede Person ohne Ausweis, einschließlich der Deutschen, müsse fotografiert werden, Fingerabdrücke abgenommen und den Körper durchsucht bekommen. Wir kannten das deutsche Gesetz nicht, wenn es nun so ist, haben wir uns nicht mehr gegen Fingerabdrucknehmen und gegen die Körperdurchsuchung gewehrt. Zum Schluss wurden wir in eine kleine Haftzelle eingesperrt und warteten darauf, dass sie sich mit der Polizei unserer Städte in Verbindung setzten und eine Bestätigung unserer Personalien bekämen. „Wir wissen unsere Passnummer, geht das?", fragte ich. „Das geht auch nicht!" Ich wollte wissen, wie lange es dauern wird. Ein Polizist sagte: „Heute ist Freitag, Nachmittag machen die Leute schon Feierabend. Es wird umständlich, Ihre Akte zu finden. Aber so schlimm ist es auch wieder nicht, vielleicht können Sie in ein paar Stunden schon gehen."

In ein paar Stunden, das bedeutet, wenn Jiang Zemin wieder weg ist, können wir erst gehen. Sind Polizei-Computer in Deutschland nicht vernetzt? Erst nach 19.00 Uhr abends wurden wir freigelassen.

Da ich keinen Pass bei mir hatte, wurde ich gewarnt, nicht nach Wolfsburg zu fahren, wo heute Abend Jiang Zemin zu Besuch sei. Ich müsse direkt zum Bahnhof und dann nach Hause fahren. Unterwegs merkte ich plötzlich, dass die Polizei mir meinen Studentenausweis und die Bahncard noch nicht zurückgegeben hatte. Deshalb fuhren wir zum Polizeipräsidium zurück. Unerwartet stellte sich uns wieder ein Polizeiwagen in den Weg, wollte unseren Ausweis sehen und unseren Wagen durchsuchen. Wir erklärten ihnen, dass wir gerade zum Polizeipräsidium fahren wollten. Sie ließen uns zur Seite fahren und durchsuchten unseren Wagen, dann ließen sie uns warten, bis vorne Jiang Zemins Auto durchgefahren war. Nach einiger Zeit durften wir weiterfahren.

(Zit. nach: Manuel Hörth, Die Verfolgung von Falun Gong, Hinterskirchen (Verlag Dexheimer) 2005, S. 117–119)

Zusammenfassen, Üben und Darstellen

China – Der Weg vom Kaiserreich zur Moderne

Kernbegriffe:

- ★ Boxeraufstand
- ★ Gelbe Gefahr
- ★ Globalisierung
- ★ Großer Sprung nach vorn
- ★ Kolonialismus
- ★ Kommunismus
- ★ Konfuzius
- ★ Kulturrevolution
- ★ Kuo-min-tang
- ★ Landreform
- ★ Langer Marsch
- ★ Maoismus
- ★ Menschenrechte
- ★ Opiumkrieg
- ★ Personenkult
- ★ Tibetfrage
- ★ Ungleiche Verträge
- ★ Viererbande
- ★ Volkskommune
- ★ Wandzeitung

Info, S. 10–13
1. Stellen Sie die Einwirkungen der europäischen Mächte auf die innere Entwicklung Chinas dar.

Info, S. 8–11, 14f., 18f.
2. Zeigen Sie die besonderen Prägungen der inneren Entwicklung Chinas durch bestehende Traditionen (bes. Konfuzianismus) auf und erklären Sie die Abweichungen vom westeuropäischen Rationalismus und Individualismus.

Info, S. 15–17
3. Erörtern Sie die Auswirkungen des Zweiten Weltkriegs auf Europa und China im Vergleich.

Info, S. 17–19
Thema, S. 22ff.
4. Beschreiben Sie Hemmnisse und Fortschritte der Bauernreform in China seit Mao Zedong.

Info, S. 14–21
5. Erörtern Sie die Rolle der Kommunistischen Partei für Reform und Revolution in China und dem ostasiatischen Raum insgesamt.

Info, S. 15–20
6. Analysieren Sie die Phasen und Probleme der Modernisierung in China.

Info, S. 18
Thema, S. 38ff.
7. Dokumentieren Sie die Bedeutung der Propaganda für die Umerziehung des chinesischen Volkes.

Info, S. 19–21
Thema, S. 28f.
8. Entwerfen Sie ein Schaubild zur wirtschaftlichen Entwicklung Chinas im Rahmen der Weltwirtschaft im 20. Jahrhundert.

Info, S. 14–20
9. Skizzieren Sie ein Porträt der Führungspersönlichkeiten Mao Zedong und Deng Xiaoping und ihrer Strategien.

Info, S. 18–20, 79
10. Beurteilen Sie die Menschenrechtsdiskussion in Bezug auf China im Vergleich zu anderen Mitgliedsländern der UN.

Info, S. 20f.
11. Erläutern Sie den Begriff Globalisierung.

Thema, S. 49ff.
12. Informieren Sie über die Situation von Jugendlichen (Studenten) in China. Entwerfen Sie etwa für internationale Begegnungen ein Anforderungsprofil für gelingenden Kulturaustausch.

Info, S. 16, 80
Forum, S. 54ff.
13. Beschreiben Sie die Probleme der deutschen Tibet-Politik.

Info, S. 15–21
14. Gesamturteil: Untersuchen und bewerten Sie die historischen Verflechtungen des atlantischen und pazifischen Raumes für die wirtschaftliche und politische Zukunft der Weltgesellschaft.

Sprachliche historische Quellen interpretieren

A. Historische Interpretation

Geschichte ist das Bild, das sich Menschen der Gegenwart von der Vergangenheit machen. Erfahrungen, Fragen, Erkenntnisinteressen der Gegenwart bestimmen somit die Beschäftigung mit der Vergangenheit.
Erkenntnisse über die Vergangenheit gewinnen wir, indem wir aus zeitgenössischer Gegenwartsperspektive Fragen an historische Quellen richten. Quellen sind Zeugnisse der Vergangenheit über menschliches Handeln und Leiden; sie sind die Materialien, die in der Vergangenheit entstanden sind und nun der Gegenwart vorliegen. Diese Quellen können verbal, bildlich oder gegenständlich sein.
Quellen sind nicht die Vergangenheit selbst, mit ihrer Hilfe erschließen wir die Vergangenheit. Sie sind Einzelstücke, gelöst aus ihrem ursprünglichen Zusammenhang, Mosaiksteine, aus denen die originale Wirklichkeit durch ein verlässliches Erkenntnisverfahren rekonstruiert werden muss. Dieses Verfahren wird historische Interpretation genannt. Die Interpretation erschließt aus Quellenmaterial Sinn, um die Fragen zu beantworten, die der Mensch der Gegenwart an die Vergangenheit richtet.
Gegenstand der historischen Interpretation sind für die Historiker alle Formen von Nachrichten, die Menschen unabsichtlich oder aber absichtlich über ihre Zeit hinterlassen haben. Ein so verstandener Quellenbegriff umfasst sowohl **Dokumente** als auch **Monumente**.

Dokumente

Überreste, die im Prozess der Geschichte hinterlassen wurden, ohne der Nachwelt gezielt Botschaften übermitteln zu wollen.

Dazu zählen:

- Urkunden
- Akten
- Allgemeine Inschriften
- Verfassungstexte
- Briefe
- Tagebücher, die nicht zur Veröffentlichung bestimmt waren
- Reden
- Flugblätter
- Streit- und Denkschriften
- Berichte und Kommentare in zeitspezifischen Massenmedien
- Literarische Zeugnisse aus einer Epoche

Monumente

Nachrichten, die mit Absicht für Betrachter geschaffen wurden. Sie sind bewusste Botschaften für eine spätere Zeit. Diese Quellen, die die Nachwelt bewusst beeinflussen wollen, werden in der Geschichtswissenschaft als **Tradition** bezeichnet.

Zu solchen sprachlichen Monumenten zählen zum Beispiel:

- Chroniken
- Viten
- Spezielle ereignis- oder personenbezogene Gedenkinschriften
- Memoiren
- Autobiografien
- Tagebuchaufzeichnungen, die bewusst zur Veröffentlichung bestimmt waren
- Gedenk- und Rechtfertigungsreden, die in klar erkennbarer Absicht an eine Nachwelt gerichtet sind

B. Schritte der Interpretation sprachlicher historischer Quellen

Eine historische Quelleninterpretation wird systematisch angelegt. Am Anfang steht die Frage, nicht die Quelle. Da Textquellen in der Regel Aussagen, Schlussfolgerungen und Rückschlüsse zu unterschiedlichen historischen Sachverhalten und Problemstellungen zulassen, gilt es zu Beginn, in einem ersten Schritt das eigene **erkenntnisleitende Interesse** – die Leitfrage(n), unter der/denen der Quellentext interpretiert werden soll – festzulegen. Daran schließen sich zwei weitere grundsätzliche Arbeitsschritte an. Zunächst die **Analyse des Quellentextes**. Sie dient dazu, die Textform zu bestimmen und die Inhaltserfassung sicherzustellen. In einem weiteren Schritt wird auf der Grundlage der Ergebnisse der Quellenanalyse die **Interpretation der Quelle** vorgenommen, die zwei Ebenen umfasst. Der Quellentext wird erläutert, gedeutet, kritisch gewürdigt (Interpretation im engeren Sinn) und es wird sein „Sinn" (die Erkenntnis) bezogen auf die formulierte(n) übergeordnete(n) Leitfrage(n) der Interpretation erschlossen.

1. Schritt – Leitfrage(n) festlegen:

Das eigene Erkenntnisinteresse bestimmen und eingrenzen und als Untersuchungsfrage formulieren, die dann für die Interpretation leitend ist.

2. Schritt – Analyse:

– Beschreibung und Klärung der formalen äußeren Merkmale

- Den Autor vorstellen
  (z. B. Angaben zur Biografie, zum sozialen Status, zur politischen Position u. Ä.).
- Die Textsorte benennen und in ihren spezifischen Merkmalen kurz charakterisieren.
  Es ist wichtig, Textsorten zu unterscheiden, da unterschiedliche Textsorten unterschiedliche Wirklichkeit erfassen und deshalb einen unterschiedlichen Aussagewert und bestimmte Aussagegrenzen haben, z. B.:
  - Normative schriftliche Quellen: Sie sind Ausdruck dessen, was sein soll, etwa eine Verfassung oder ein Vertrag.
  - Deskriptive Quellen: Sie beschreiben Wirklichkeit, wie sie der Quellenautor sieht, weshalb die Beschreibung in unterschiedlichem Grad subjektiv und parteiisch ausfallen kann.
  - Selbstzeugnis oder Fremdzeugnis.
  - Ein öffentliches, d. h. ein für die Öffentlichkeit bestimmtes Dokument.
  - Ein internes Dokument, d. h. ein eher für einen begrenzten Kreis von Privatpersonen verfasstes Schriftstück.
- Das Thema der Quelle präzise und knapp zusammengefasst formulieren.
- Den engeren situativen historischen Kontext der Quelle darstellen
  (den konkreten Ereigniszusammenhang, in dem die Quelle steht, den Zeitpunkt der Entstehung und des Anlasses sowie den Entstehungsort der Quelle knapp skizzieren).
- Den oder die Adressaten der Quelle benennen.
- Die Intention – erkennbare Ziele und Absichten, die der Autor mit Blick auf seine(n) Adressaten verfolgt – in knapper Form aufzeigen.

– Strukturierte Textwiedergabe

Drei alternative Möglichkeiten bieten sich an:
- Den Textinhalt auf der Grundlage einer Gliederung nach Sinnabschnitten im textdurchschreitenden Verfahren auf die Hauptaussagen beschränkt wiedergeben.
- Den Inhalt nach zentralen Aspekten reorganisiert zusammengefasst wiedergeben.
- Den Textinhalt entlang der erkennbaren Argumentationsstruktur auf die wesentlichen Aussagen beschränkt wiedergeben (z. B. Standpunkt, These(n), Argumente).

3. Schritt – Interpretation: Zusammendenken und Problematisieren der in der Quellenanalyse gewonnenen Informationen auf der Ebene des Erläuterns, Deutens, Urteilens und Wertens im historischen Kontext auf textinterner und textexterner Grundlage

Methodisch wichtig und unverzichtbar ist es, die Interpretation durch konkreten Textbezug zu fundieren. Der Quellentext ist die Grundlage der Erkenntnisgewinnung. Für jeden der nachfolgend genannten Arbeitsschritte gilt, dass die Ausführungen immer zum Quellentext zurückführen und an ihm belegt werden müssen.
Grundlegend für die sachgerechte historische Interpretation ist auch, dass die formalen äußeren Merkmale bedacht und einbezogen werden.

– Ebene 1
Interpretation im engeren Sinne

- Die Intention des Autors unter Berücksichtigung von erkennbaren Motiven, Interessen und Perspektiven im historischen Gesamtkontext erklären und kritisch hinterfragen. (Z. B.: zwischen offenen und verdeckten Absichten unterscheiden; seine Intentionen vor dem Hintergrund von eigener Biografie, Status und persönlicher Interessenlage erläutern; auffallende Rechtfertigungsmuster aufzeigen; darlegen, auf welche Weise der Quellenautor den oder die Adressaten zu beeinflussen versucht, sowie die Wirksamkeit und gewählte Strategie beurteilen.)
- Besonderheiten und Auffälligkeiten der zentralen Quellenaussagen benennen und erklären bzw. erläutern.
- Die gedankliche Schlüssigkeit der Ausführungen bzw. der Argumentation beurteilen.
- Auffallende sprachliche Besonderheiten erläutern, wenn dies für die Intention des Autors und/oder den Aussagegehalt und Erkenntniswert der Quelle von ganz entscheidender Bedeutsamkeit ist.
- Die Textaussagen unter Einbringung von eigenem historischen Umfeldwissen im größeren historischen Gesamtkontext und Problemzusammenhang, in dem die Quelle steht, beurteilen.
- Eine eigene persönliche Stellungnahme im Sinne eines Werturteils, das sich auf eigene Wertvorstellungen und Normen gründet, entwickeln, wenn dies quellenbezogen sinnvoll, ertragreich und zielführend für die Leitfrage(n) der Interpretation ist.

– Ebene 2
Zusammenfassendes Resümee der Erkenntnisse mit Blick auf die Leitfrage(n)

- Ein abwägendes differenziertes Gesamturteil mit Bezug auf die Leitfrage(n) formulieren.

Historische Sekundärliteratur analysieren und sich kritisch mit ihr auseinandersetzen

A. Historische Sekundärliteratur

Wenn wir von historischer Sekundärliteratur sprechen, denken wir in erster Linie an Darstellungen, in denen Geschichtsforscherinnen und Geschichtsforscher unter Beachtung genauer wissenschaftlicher Standards ihre Forschungsergebnisse, Schlussfolgerungen und Urteile darlegen. Das grundlegende Merkmal der Textart „historische Sekundärliteratur" ist, dass die jeweiligen Autorinnen und Autoren unter Verarbeitung von Quellen und anderer vorhandener Fachliteratur aus ihrer Sicht historische Wirklichkeit konstruieren. Das heißt, sie stellen unter Verarbeitung und wertender Einbeziehung dessen, was andere Historikerinnen und Historiker schon erforscht haben, und auf der Grundlage ihrer eigenen Quellenforschung und -interpretationen ihre Ergebnisse und Deutungen der Vergangenheit vor, indem sie Deutungen und Interpretationen von Fachkollegen ergänzen, sie weiterführen oder zu ihnen Stellung nehmen.

Der Karikaturist setzt die Spezifik des Texttyps „historische Sekundärliteratur" treffend ins Bild. Vorhandenen Deutungen von geschichtlichen Ereignissen und Zusammenhängen wird eine weitere perspektivisch gebundene Sichtweise und Bewertung von Sachverhalten hinzugefügt, der ein bestimmtes persönliches Erkenntnisinteresse zugrunde liegt.

Luis Murschetz (geb. 1939): „Der Eindringling" (Karikatur von 1996)

Wissenschaftliche Sekundärliteratur im engeren Sinne

Adressat ist ein fachwissenschaftlich gebildetes bzw. zumindest interessiertes Publikum, bei dem zumindestens Grundkenntnisse des Faches, der Methoden und der Begrifflichkeit vorausgesetzt werden. Kennzeichen wissenschaftlicher Sekundärliteratur sind detaillierte Belege und damit intersubjektive Nachvollziehbarkeit.

Textarten:

- Wissenschaftliche Abhandlungen zu historischen Themen und Fragestellungen
- Spezialuntersuchungen zu einzelnen Themen
- Wissenschaftliche Vorträge
- Wissenschaftliche Aufsätze
- Essays in historischen Fachzeitschriften und seriösen Wochenzeitungen

„Nichtwissenschaftliche" Sekundärliteratur

Adressat ist ein breiteres Publikum interessierter Laien. Im Vordergrund steht nicht so sehr die Darstellung von detailliert belegten Erkenntnissen über historische Befunde und Interpretationen, sondern es geht primär darum, komplexe geschichtliche Zusammenhänge vereinfacht und anschaulich darzustellen.

Wichtige Textarten, die diesem Typ zuzurechnen sind:

- Populärwissenschaftliche Literatur
- Historische Essays in Magazinen
- Schulbuchtexte
- Publizistische Texte zu historischen Themen

B. Arbeitsschritte zur Auswertung historischer Sekundärliteratur

Da es sich bei dieser Textsorte um perspektivisch gebundene Deutung von geschichtlichen Sachverhalten und Problemstellungen handelt, besteht die Aufgabe darin, die Intentionen und Ansprüche des jeweiligen Textes sowie die dargestellten Sachverhalte und Problembereiche zu erkennen und die Deutung mit ihren autorenbedingten Grundannahmen und Wertmaßstäben zu erschließen. Eine sachgerechte, abwägende Auseinandersetzung erfordert eine Tätigkeit auf zwei Ebenen: auf der Ebene der **Analyse** und auf der Ebene der darauf aufbauenden **Urteilsbildung**.

1. Schritt – Leitfrage(n) festlegen:

Das eigene, persönliche Erkenntnisinteresse festlegen und als Untersuchungsfrage(n) formulieren, die dann für die Analyse und kritische Auseinandersetzung mit dem Text leitend ist/sind.

2. Schritt – Analyse:

– Vorstellung des Textauszugs

Die äußeren formalen Textmerkmale und -daten beschreiben und charakterisieren:
- Den Autor des Textes vorstellen.
- Die spezifische Textsorte von Sekundärliteratur, der der Text zuzurechnen ist, benennen und die besonderen Merkmale dieser Textsorte kurz charakterisieren.
- Den genauen Fundort und das zeitliche Erscheinungsdatum des vorliegenden Textes benennen.
- Beschreiben, an welche(n) Adressaten die Publikation vornehmlich gerichtet ist.

– Strukturierte Textwiedergabe

Den Inhalt und den Gedankengang (Argumentationsstruktur) des Textes in seinen Hauptaussagen zusammengefasst wiedergeben.
Das verlangt:
- Präzise benennen, mit welchem Thema bzw. mit welcher Fragestellung der Autor/die Autorin sich beschäftigt.
- Schlussfolgerungen und Hauptthese(n), die vertreten werden, aufzeigen.
- Die zentralen Argumente, die von der Autorin/dem Autor als Beleg für ihre/seine Aussagen angeführt werden, herausarbeiten.

3. Schritt – Kritische Auseinandersetzung:

Die Textaussagen und Argumente auf textinterner und textexterner Grundlage erläutern, erörtern und auf diese Weise zu einem kritisch abwägenden eigenen Gesamturteil gelangen.
Dies kann unter folgenden Leitperspektiven geschehen:
- Für das Verständnis der Position und der Argumentation des Autors/der Autorin zentrale historische Sachverhalte und Problemzusammenhänge bzw. Erklärungsansätze erläutern.
- Aufzeigen, mit welchem Erkenntnisinteresse und aus welcher – möglicherweise sogar klar erkennbar einseitig ideologisch geprägten – Perspektive der/die Verfasser(in) schreibt.
- Die Logik und Schlüssigkeit des Gedankengangs des Autors/der Autorin prüfen.
- Erörtern, ob die Ausführungen durch einseitige Sichtweise und Begründung (monokausal) geprägt sind oder ob auch andere konkurrierende fachliche Auffassungen und Perspektiven Eingang finden und ein mehrschichtiges Gesamtbild (multikausaler Erklärungsansatz) entwickelt wird.
- Sich auf dem Hintergrund eigener historischer Kenntnisse und im Vergleich zu anderen bekannten Historikerpositionen mit den inhaltlichen Hauptaussagen und der Argumentation des Autors/der Autorin zustimmend, die Thesen relativierend oder ablehnend auseinandersetzen und
- in differenzierter Abgrenzung oder Zustimmung zum Text unter Rückbezug auf die gestellte(n) Leitfrage(n) eine eigene begründete Sichtweise formulieren.

Glossar

Boxeraufstand
Unter dem Boxeraufstand versteht man den Aufstand eines chinesischen Geheimbundes, genannt „Faust für Recht und Harmonie". Die Bezeichnung Boxer ist die Verallgemeinerung des Namens im Englischen und bezieht sich auf das Schattenboxen ihrer Mitglieder auf öffentlichen Plätzen. Am 27. September 1900 erhielt der Befehlshaber des deutschen Expeditionskorps, Feldmarschall Alfred Graf von Waldersee, den Oberbefehl über die alliierten Streitkräfte und unternahm kleinere Aktionen gegen flüchtige Aufständische und versprengte Boxer-Einheiten. Hunderte Aufständische wurden sowohl von den Alliierten als auch von den Chinesen hingerichtet. Am 10. Januar 1901 akzeptierte China das von den Siegermächten diktierte Friedensabkommen, das u. a. beinhaltete, dass China Reparationen in Höhe von 1,4 Milliarden Goldmark bis 1940 zu zahlen hatte, ausländische Militärstützpunkte zugelassen werden mussten und Russland das Protektorat über die Mandschurei erhielt.

Gelbe Gefahr
Die „Gelbe Gefahr" ist ein Begriff aus der Kolonialzeit. Die USA und die europäischen Kolonialmächte schürten damit Vorurteile gegen die asiatischen Völker, insbesondere China.
Der Begriff wurde zuerst verwendet in „The Yellow Danger", einer Reihe von wöchentlich erscheinenden Kurzgeschichten von M. P. Shiel, die 1898 veröffentlicht wurden. Anlass war die Ermordung von Missionaren, die sich 1897 in Kiau-Tschou zugetragen hatte und Deutschland als Vorwand gedient hatte, in China Fuß zu fassen. 1899, mit dem Ausbruch des > Boxer-Aufstands, und 1905, als mit dem Sieg Japans über Russland erstmals eine fernöstliche Macht eine europäische besiegte, gewann der Begriff weltweite Verbreitung.

Großer Sprung nach vorn
Der „Große Sprung nach vorn" war die offizielle Parole für die Politik der Volksrepublik China von 1958 bis 1961. Ziel war es, China zu einer wirtschaftlichen Großmacht zu machen. Grundlage war die Überzeugung Mao Zedongs, dass eine Reihe von wirtschaftlichen Sprüngen das Bewusstsein der Bevölkerung für den Kommunismus stärken könne. Die Pro-Kopf-Produktion schwerindustrieller Güter sollte die von Großbritannien innerhalb von 15 Jahren übertreffen. Um dieses Ziel zu erreichen, erlaubte man den Bauern, ihr Saatgut zu verzehren und hielt sie dazu an, in der lokalen Eisenproduktion tätig zu werden. Als dann Nahrungsmittelknappheit eintrat, verlangte man von den Bauern eine verstärkte Nahrungsmittelproduktion, die diese nicht mehr leisten konnten. Man versuchte auch mit Druck, die nötigen Nahrungsmittel zu erwirtschaften. Es folgte eine große Hungersnot, der 30–43 Mio. Chinesen zum Opfer fielen. In manchen ländlichen Gebieten verstarben bis zu 40 % der Bevölkerung.

Kommunismus
Sammelbegriff einerseits für kommunistische Ideologien, die auf den Werken von Karl Marx, Friedrich Engels und W. I. Lenin aufbauen und im Detail sehr unterschiedlich ausgeprägt sein können, und andererseits für politische Bewegungen oder Staaten, die sich in ihrer praktischen Politik auf eine solche Ideologie berufen.

Konfuzius
Konfuzius, chinesischer Philosoph (551–479 v. Chr.), Begründer einer Lehre, die von seinen Schülern im „Buch der Gespräche" niedergeschrieben wurde. Staatsphilosophische Elemente sind eine strenge Hierarchielehre und die Auffassung, dass der Staat sich auf Sittlichkeit gründet. Der Herrscher sollte das Vertrauen des Volkes besitzen.

Kulturrevolution
Die „Große Proletarische Kulturrevolution" in China war eine kommunistische Bewegung zwischen 1966 und 1976, die von Mao Zedong ausgelöst wurde, um seine Macht gegenüber den Rivalen in der kommunistischen Partei zu behaupten und sein Lebenswerk, die Revolution, zu retten. Maos Befürchtung war, dass in China eine revisionistische Entwicklung wie in der Sowjetunion einsetzen könnte.
Bereits zu Beginn des 20. Jahrhunderts forderten die Mitglieder der Neuen Kulturbewegung eine radikale und fundamentale Transformation der bis dahin feudalen Gesellschaft und Kultur Chinas. Angesichts des riesigen Reformbedarfs lehnten sie das Fortleben von Traditionen ab und betonten die menschliche Vernunft als Motor für den Fortschritt in Politik, Kultur und Wirtschaft.
Mao Zedong wurde von diesem Denken beeinflusst. Anders als bei Marx und Lenin wird die Möglichkeit, eine neue, sozialistische Gesellschaftsordnung auf traditionellen Fundamenten aufzubauen, von der Neuen Kulturbewegung abgelehnt. Nach Mao sollte China

direkt aus dem Feudalismus durch die ewige Revolution in den Kommunismus übergehen. Im Rahmen der ewigen Revolution sollte sichergestellt werden, dass nach erfolgreicher Machtübernahme durch die Kommunistische Partei auch die traditionell rückwärtsgewandte chinesische Kultur in die Revolution einbezogen wird. Die Kulturrevolution sollte eine schnelle Industrialisierung des Landes ermöglichen.
Erst nach Mao Zedongs Tod (1976) wurde die Kulturrevolution endgültig beendet. Die > Viererbande wurde verurteilt und Deng Xiaoping rehabilitiert. Eine immer noch unbekannte Zahl von Toten (die Schätzungen der Todesopfer schwanken stark von Hunderttausenden bis zu einigen Millionen) und eine vollkommen zerstörte Bildungsschicht waren ihr Erbe.

Kuo-min-tang
Die Nationale Chinesische Volkspartei (Kuo-min-tang) wurde 1924 nach sowjetischem Vorbild zentralistisch, bürokratisch, hierarchisch und militärisch gegründet. Neben Chiang Kaishek war vor allem Sun Yatsen der Gründer, der damit die japanische Invasion nach dem Versailler Vertrag (1918), die Präsenz der Westmächte im Land und die chinesischen Rivalen bekämpfen wollte. In Wahrheit unterstützte ihn aber die Großbourgeoisie in Shanghai; deshalb fand er auch Zustimmung durch die Westmächte.
Nach der Gründung der Kommunistischen Partei Chinas wurde diese zuerst in die Kuo-min-tang integriert. Die Partnerschaft zwischen den Kommunisten und der Kuo-min-tang wurde aber nach dem Tod Sun Yatsens aufgelöst, da Chiang Kaishek bei seiner Eroberung Shanghais Kommunisten und Gewerkschafter ermorden ließ.
Nach dem Ende des Zweiten Weltkrieges ging der Bürgerkrieg zwischen der KPCh und der Kuo-min-tang weiter. Nach der Gründung der Volksrepublik China 1949 flohen viele Mitglieder der Kuo-min-tang nach Taiwan und errichteten dort eine Gegenregierung und ein Gegenparlament. Seine Abgeordneten sollten entsprechend dem Alleinvertretungsanspruch alle Provinzen Chinas vertreten. Die Provinzen, in denen freie Wahlen nicht möglich waren, wurden so lange von den letzten frei gewählten Abgeordneten vertreten, bis wieder freie Wahlen möglich waren („Langes Parlament"). Diese Konstruktion führte dazu, dass bis 1992 die Taiwaner bei Wahlen immer nur die wenigen Abgeordneten der *Provinz Taiwan* neu wählen oder abwählen konnten. Die Mehrheit der Parlamentssitze für die Festlandprovinzen dagegen wurde „eingefroren" bzw. von den Abgeordneten der Kuo-min-tang eingenommen, die in der letzten gesamtchinesischen Wahl vor 1949 gewählt und dann nach Taiwan geflohen waren.
Wegen des bis 1987 geltenden Kriegsrechts und dieser Wahlbestimmung war Taiwan de facto keine echte Demokratie, vielmehr eine Diktatur. Die Kuo-min-tang herrschte diktatorisch wie eine Einheitspartei. Sie etablierte ihre Anhänger – eingewanderte Festland-Chinesen – als Elite. Diese standen über den einheimischen Taiwanern. Erst ab 1992 wurde die Nationalversammlung von allen Taiwanern in allgemeinen, freien und gleichen Wahlen gewählt; neben der Kuo-min-tang durfte erstmals auch die oppositionelle Demokratische Fortschrittspartei (DPP) antreten, die sich für die Unabhängigkeit Taiwans ausspricht (während die Kuo-min-tang am Fernziel einer Wiedervereinigung der beiden Staaten durch Verhandlungen mit der Regierung in Peking festhält) und seit 2000 die Regierung und den Staatspräsidenten stellt.

Langer Marsch
Der „Lange Marsch" ist der zentrale Mythos der Kommunistischen Partei Chinas (KPCh) und war ein massiver militärischer Rückzug der kommunistischen Streitkräfte 1934/35, um sich aus der Umklammerung durch die Armee Chiang Kaisheks zu befreien.
Nach dem gescheiterten Herbsternte-Aufstand im September 1927 zog sich Mao Zedong mit einer Gruppe der Streitkräfte in das Jinggang-Gebirge zurück. Trotz der personellen Verstärkung, die man dort durch kommunistische Flüchtlinge erfuhr, zog die Truppe aufgrund der häufigen Angriffe durch die Kuo-min-tang weiter nach Jiangxi und Fujian, um sich dann im Grenzgebiet dieser beiden Provinzen niederzulassen. Auf dem Weg nach Yan'an beschlagnahmte die Rote Armee Besitz und Waffen der lokalen Kriegsherren und Grundbesitzer und rekrutierte Kleinbauern und Mittellose für sich. Dennoch erreichten 1935 von den anfänglich 90 000 Soldaten nur 20 000 das Ziel Yan'an. Obwohl ein hoher Preis zu zahlen war, gab der Lange Marsch der KPCh die Möglichkeit, sich zu erholen und den Norden Chinas neu aufzubauen. Am Ende des Zweiten Weltkrieges vertrieb die Rote Armee (später: Volksbefreiungsarmee) die Kuo-min-tang vom chinesischen Festland auf die Insel Taiwan.
Nach Gründung der Volksrepublik China wurde der Lange Marsch als Symbol der Partei für Stärke und Widerstandsfähigkeit propagiert. Der Lange Marsch ist ein bedeutendes Ereignis für die Festigung von Maos Rolle als Führer der KPCh. Viele Teilnehmer des Marsches wurden bekannte Parteiführer, einschließlich Liu Shaoqi, Lin Biao und Deng Xiaoping.

Maoismus
Der Maoismus stützt sich auf die Schriften von Mao Zedong, vor allem seine Zitatensammlung („Mao-Bibel"), die in viele Sprachen der Welt übersetzt wurde.

In China war die maoistische Variante des Kommunismus seit Gründung der Volksrepublik 1949 die Staatstheorie. In ihr sind Gedanken von Marx, Engels, Lenin und Stalin mit traditioneller chinesischer Philosophie verknüpft. Der Maoismus verfolgt keine analytische Theorie, sondern ist ganz praxis- und lebensweltlich orientiert. Die Basis ist nicht die Lebensweise des Einzelnen, sondern die Umwandlung der Gesellschaft zu einem nationalen Sozialismus. Militärische Elemente, Kampagnen und radikale Umwälzungen gehören zu Maos Ideen (> Großer Sprung nach vorn, > Kulturrevolution). Mao wollte die forcierte Industrialisierung in einem agrarisch bestimmten Land noch radikaler als Lenin umsetzen und auch den Westen überholen. Die dabei auftretenden Widersprüche sollten durch politische Diskussionen (> Wandzeitungen), und durch ein System von Kritik und Selbstkritik gelöst werden.
Über China hinaus fühlten sich als Anhänger des Maoismus vor allem die Roten Khmer in Kambodscha, die Marxisten in Albanien, die Gruppe „Leuchtender Pfad" in Peru, Kommunisten in Nepal, auf den Philippinen, in Nordostindien und in der Türkei.

Menschenrechte
Im materiellen Sinn werden darunter vor- und überstaatliche Rechte verstanden, die dem Menschen nach naturrechtlicher Auffassung nicht vom Staat verliehen werden, sondern ihm kraft seines Menschseins zustehen. Als Menschenrechte werden vor allem die politischen Freiheitsrechte oder Grundfreiheiten (Recht auf Gleichheit, Unversehrtheit, Eigentum, Meinungs- und Glaubensfreiheit) gefasst. Seit dem 19. Jahrhundert werden diese Rechte auch auf den sozialen Bereich (Recht auf Arbeit, Bildung, soziale Sicherheit) ausgedehnt. Die Aufgabe des Staates besteht darin, diese Rechte zu respektieren und durch die Gewährleistung von politischen Mitwirkungsrechten, d. h. Bürgerrechten, zu garantieren.
Wegweisend für die Neuzeit wurden die Menschenrechte in der Unabhängigkeitserklärung der Vereinigten Staaten (1776) und in der Erklärung der Menschen- und Bürgerrechte durch die Französische Nationalversammlung (1789). In beiden Erklärungen hatten sie den Charakter unantastbarer Wahrheiten. Menschenrechte, die als verbindliche Rechte in die Verfassung eingebaut sind, bezeichnet man als Grundrechte (z. B. Grundrechte der Paulskirche 1848, der Weimarer Verfassung 1919).
Die heute gültige Verfassung der Volksrepublik China aus dem Jahr 1982 bestimmt die Menschenrechte nicht individuell, sondern bezogen auf die Nationalitäten und Organisationen der Bevölkerung. In diesem Rahmen werden die Rechte und Pflichten der Bürger definiert. Alle Privilegien gelten als abgeschafft. Ihre politische Meinung können die Bürger über die Abgeordneten des Volkskongresses äußern, der auf fünf Jahre gewählt wird und einmal jährlich tagt. Alle Parteien sind über ein Konsultativsystem der KPCh zugeordnet. Daneben gibt es die Politische Konsultativkonferenz des Chinesischen Volkes, die eine Organisation der patriotischen Einheitsfront ist. Sie besteht aus dem Nationalkomitee bzw. den Lokalkomitees der jeweiligen Provinz, des autonomen Gebiets, der regierungsunmittelbaren Stadt, des jeweiligen Kreises, der Stadt und anderer Ebenen. Das Nationalkomitee setzt sich aus Vertretern der Kommunistischen Partei Chinas, der demokratischen Parteien, der parteilosen demokratischen Persönlichkeiten, der Massenorganisationen, der nationalen Minderheiten und aller gesellschaftlichen Kreise sowie aus Vertretern der Landsleute in Taiwan, Hongkong und Macao und der heimgekehrten Auslandschinesen sowie aus speziell geladenen Persönlichkeiten zusammen.

Opiumkrieg
Im ersten Opiumkrieg von 1839 bis 1842 zwang Großbritannien die Qing-Dynastie in China zu einer Öffnung der chinesischen Märkte und zur Duldung des Opiumhandels. Bis Mitte Juli 1839 waren über 1600 Chinesen verhaftet sowie 73 000 kg Opium und 70 000 Opiumpfeifen beschlagnahmt. Die Situation eskalierte, als 1839 von China 350 Ausländer in ihren Faktoreien interniert wurden. Trotz energischer Intervention der Opiumkaufleute und der Ostindienkompanie sah das britische Parlament von einer förmlichen Kriegserklärung an China ab. 1839 besetzte Charles Elliot Hongkong. 1841 schloss er mit dem Generalgouverneur von Tianjin ein Abkommen, in dem sich die Chinesen zur Abtretung Hongkongs, zur Zahlung einer Kriegsentschädigung von sechs Mio. Silberdollar sowie zur Gewährung direkter Kontakte der Europäer zur Qing-Regierung verpflichteten. Das Abkommen stieß bei Kaiser Daoguang wie beim britischen Premierminister Palmerston auf Widerstand. Daraufhin wurde Charles Elliot durch Sir Henry Pottinger ersetzt und dieser mit der Fortsetzung des Krieges beauftragt. 1842 endete der Krieg mit dem Vertrag von Nanking, dem ersten der sog. >Ungleichen Verträge. Er verpflichtete die Chinesen u. a. zur Öffnung der Handelshäfen für Ausländer, zur Duldung weitgehend unbeschränkten Handels, zur Abtretung Hongkongs sowie zu Reparationszahlungen. Mit dem ersten Opiumkrieg begann der Niedergang Chinas zu einem halbkolonialen Protektorat westlicher Mächte und damit die „neuere Geschichte" Chinas.
Der zweite Opiumkrieg Großbritanniens und Frankreichs gegen das Kaiserreich China dauerte von 1856

bis 1860. In der Pekinger Konvention vom 18.10.1860 sicherten sich Großbritannien, Frankreich, Russland und die USA das Recht, in Peking (bis dahin eine geschlossene Stadt) Botschaften zu eröffnen. Der Opiumhandel wurde legalisiert und Christen bekamen das Recht, die chinesische Bevölkerung zu missionieren sowie Eigentum zu besitzen.

Peking-Oper

Die Peking-Oper, die nach ihrem Ursprung aus der Stadt Peking benannt wird, ist eine orientalische Form der Oper und ist vor mehr als 200 Jahren entstanden. Ursprünglich geht sie auf einige antike lokale Opern, insbesondere auf die lokale Oper des Huiban-Theaters zurück, die im 18. Jahrhundert in Südchina sehr verbreitet war. 1790 kam das erste Huiban-Ensemble nach Peking und führte zum Geburtstag des Kaisers eine Oper auf. Danach kamen viele Huiban-Ensembles zu Aufführungen nach Peking.

Erst zu Beginn des 20. Jahrhunderts hat sich die Peking-Oper als Typ herauskristallisiert und entwickelte sich zum größten Bühnenspiel in China. Die Peking-Oper ist durch Vielfalt der Repertoires geprägt. Sie kombiniert Gesang, Sprechtexte, Kampfkunst, Akrobatik und Tanz. Durch stilisierte Darbietungsmethoden schildert sie spielerisch viele Geschichten. Die Peking-Oper benutzt Schauspielertypen, nämlich Sheng (männlich), Dan (weiblich), Jing (männlich) und Chou (männlich und weiblich, beides). Hinzu kommen noch einige Nebenrollen. Die Gesichtsmaskentypen sind die markanteste Kunst der Peking-Oper. Treue und Hinterhältigkeit, Moral und Unmoral, Güte und Boshaftigkeit, Würdigung und Erniedrigung – all dieses erkennt man durch die bemalten Gesichtsmasken. Zum Beispiel zeigt die rote Farbe die Loyalität der Figuren; Purpur symbolisiert Kühnheit, Klugheit und Unnachgiebigkeit; die schwarze Farbe drückt den anständigen und ehrlichen Charakter aus; die weiße Farbe hebt Hinterlistigkeit und Grausamkeit hervor; die blaue Farbe impliziert Mut und Tapferkeit und die gelbe Farbe symbolisiert Brutalität. Die sonderbare goldene und silberne Farbe symbolisiert die Gottheit, Buddha oder aber auch Ungeheuer. Seit der Herrschaft der > Viererbande wurde die Peking-Oper auch zu propagandistischen Zwecken gebraucht. Heute hat die Peking-Oper eine neue Entwicklung genommen. Als traditionelle Kunst wird sie von der chinesischen Regierung gefördert.

Tibet-Frage

Tibet ist eines der fünf chinesischen autonomen Gebiete. Es wird wie eine chinesische Provinz verwaltet, hat aber nationale Autonomie für die tibetische Bevölkerungsmehrheit. Es liegt im südwestchinesischen Grenzgebiet und im Südwesten des Qinghai-Tibet-Plateaus. Südlich und westlich grenzt es an mehrere Länder wie Myanmar, Indien, Sikkim und Nepal und hat eine nahezu 4 000 km lange Grenzlinie. Die Fläche des autonomen Gebietes beträgt mehr als 1,22 Millionen qkm, was etwa 12,8 % der Gesamtfläche des chinesischen Territoriums ausmacht. Das Tibetische Autonome Gebiet hat eine durchschnittliche Höhe von mehr als 4 000 m über dem Meeresspiegel und bildet den Hauptteil des Qinghai-Tibet-Plateaus. Es wird als das „Dach der Welt" bezeichnet. In dem autonomen Gebiet leben über 2,6 Millionen Menschen, darunter 2,5 Millionen Tibeter. Dies entspricht einer Proportion von 96 % der Gesamtzahl der dortigen Einwohner. Tibet gilt als das am dünnsten besiedelte Provinzgebiet in China mit der wenigsten Bevölkerung. Die Bevölkerungsdichte beträgt weniger als drei Menschen pro qkm. Mitte des 13. Jahrhunderts wurde Tibet offiziell ins chinesische Territorium aufgenommen. Danach stand Tibet trotz mehrfachem Dynastienwechsel immer unter der Verwaltung der Zentralregierung. Nach der Gründung der Qing-Dynastie 1644 wurde die Administration des Hofes gegenüber Tibet strenger. Die Ausübung der Souveränität der Zentralregierung in Tibet wurde weiterhin systematisiert und gesetzlich verankert. 1727 errichtete die Qing-Dynastie die Ministerresidenz in Tibet, die im Namen der Zentralregierung die dortigen lokalen Administrationen kontrollieren sollte. 1949 wurde die Volksrepublik China gegründet. Gleichzeitig wurde Indien von Großbritannien, das auch eine Schutzmacht für Tibet bedeutet hatte, unabhängig. Die chinesische Volksregierung besetzte Tibet mit Duldung der UNO und der Westmächte. In Tibet wurde die kommunistische Revolution durchgeführt. Dabei wurde das feudale Leibeigenschaftssystem abgeschafft. Das geistliche Oberhaupt der Buddhisten, der Dalai Lama, floh nach Indien und erhielt dort Asyl. Im September 1965 wurde das Autonome Gebiet Tibet offiziell gegründet. Die Zwangsaneignung durch China ist völkerrechtlich umstritten.

Ungleiche Verträge

Die sog. Ungleichen Verträge wurden zwischen der Mitte des 19. Jahrhunderts und dem Ersten Weltkrieg zwischen China und den Westmächten (England, Frankreich, USA, Russland) bzw. Japan geschlossen. Sie sahen vielfältige Souveränitätsbeschränkungen auf den Gebieten der Politik, der Verwaltung und der Gerichtsbarkeit vor. Zugeständnisse wurden dem Reich der Mitte insbesondere auf handelspolitischem Gebiet abgenötigt, etwa die Öffnung von Häfen oder Reparationszahlungen. Eine angemessene Gegenleistung der Vertragspartner war demgegenüber nicht vorgesehen.

Auf offizieller Ebene wurde der Begriff „Ungleiche Verträge" erstmals 1926 von der Regierung in Peking in Verbindung mit der Aufhebung des chinesisch-belgischen Vertrages von 1865 gebraucht. Erst siebzehn Jahre später konnte die Regierung Chinas aufgrund der 1943 unterzeichneten Verträge mit den USA und Großbritannien (betreffend die Annullierung exterritorialer Rechte u. a.) das Ende der Ära der Ungleichen Verträge verkünden.

Viererbande

Die chinesische Viererbande war maßgeblich am Start der > Kulturrevolution beteiligt. Sie bestand aus Jiang Qing (der Frau von Mao Zedong), Zhang Chunqiao, Yao Wenyuan und Wang Hongwen. Die Auflösung der Viererbande im Jahr 1976 markierte das Ende der Kulturrevolution. Der chinesische General Lin Biao war bis zu seinem Tod im Jahre 1971 ebenfalls ein Mitglied der Gruppe. Nach dem Tod Lin Biaos ebbte die Wirkung der Kulturrevolution ab. Das Land hatte inzwischen enorme wirtschaftliche und kulturelle Verluste hinnehmen müssen. Der Premierminister Zhou Enlai holte Deng Xiaoping beim 10. Parteitag der KPCh 1973 zurück in die Partei.

Mao wandte sich noch in seinem letzten Lebensjahr gegen seine Frau Jiang und damit gegen die Viererbande, die nach seinem Tod versuchte, an die Macht zu gelangen. Als Zhou Enlai 1976 starb, wurde Hua Guofeng sein Nachfolger. Die Viererbande beabsichtigte, Deng Xiaoping im April 1976 zu beseitigen, was jedoch scheiterte. Am 6. Oktober ließ Hua die Gruppe und ihre radikalen Anhänger verhaften. Kurz darauf wurde eine Medienkampagne gegen sie eingeleitet, in der sie erstmals als Viererbande bezeichnet und für die Missstände der > Kulturrevolution mitverantwortlich gemacht wurde.

Volkskommune

Die Volkskommune war eine Form landwirtschaftlicher Kollektivierung in der Volksrepublik China.

Nach der Gründung der Volksrepublik China (1.10.1949) wurde eine Bodenreform durchgeführt, bei der allen Grundherren das Land weggenommen und unter den armen Bauern verteilt wurde.

Bis 1955 gab es erste Kollektivierungskampagnen, gleichzeitig übernahm der Staat das Agrarhandelsmonopol. 1956 wurde das Kollektivierungstempo verschärft, das Prinzip der Freiwilligkeit wurde aufgehoben, das gesamte Eigentum der Bauern ging in Kollektiveigentum über und die Entlohnung der Bauern erfolgte ausschließlich nach ihrer Arbeitsleistung. Im Zusammenhang mit der Verkündung der Politik des >„Großen Sprungs noch vorn" kam es 1957 zur Gründung der Volkskommunen. In ganz China gab es 24 000 Volkskommunen, die jeweils etwa 5 000 bäuerliche Haushalte umfassten und viele Dörfer zusammenschlossen. Die Arbeitskräfte wurden zentral verwaltet und in Arbeitsbrigaden eingeteilt. Ab 1962 wurden die schlimmsten Auswüchse der Kollektivierung zurückgenommen. Der Boden blieb zwar Kollektivbesitz, aber die Bauern wurden in Produktionsgruppen von etwa 20 bis 30 Familien zusammengefasst, die ihre Arbeit organisierten und die Erträge verteilten. Sie bearbeiteten etwa ein Viertel der Dorffläche. Die Volkskommunen waren jetzt keine Produktionseinheiten mehr, sondern rein administrative Einheiten. Die Produktionsbrigaden, die dem traditionellen Dorf entsprachen, hatten vor allem die Aufgabe der Kontrolle und Mobilisierung im Auftrag der örtlichen Parteigremien. Mit dem Beginn der wirtschaftlichen Liberalisierungspolitik unter Deng Xiaoping nach 1978 setzte das Ende der Volkskommunen ein. 1984 wurden die Volkskommunen aufgelöst.

Wandzeitung

Eine Wandzeitung ist eine systematisch zusammengestellte Informationsquelle in Form von Zeitungsausschnitten und Artikeln, die an einer Wand angebracht werden. Mit „Meine erste Wandzeitung" leitete Mao Zedong 1966 die chinesische > Kulturrevolution ein. 1979 hängte an der „Mauer der Demokratie" in Peking der Dissident Wie Jingsheng seine legendären Wandzeitungen auf.

Register

Literaturhinweise

RKP(B), Komintern und die national-revolutionäre Bewegung in China, Dokumente
– Bd. 1: 1920–1925, hg. v. Russischen Zentrum für die Archivierung und Erforschung von Dokumenten zur Neuesten Geschichte u. a., Paderborn (Schöningh) 1996
– Bd. 2, Teil 1 und 2: KPdSU (B), Komintern und die national-revolutionäre Bewegung in China 1926–1927, Münster (Lit) 1998

Claudie Broyelle, Die Hälfte des Himmels – Frauenemanzipation und Kindererziehung in China, Berlin (Wagenbach) 1973

Claudie und Jacques Broyelle, Zweite Rückkehr aus China, Berlin (Wagenbach) 1977

Gabriele Fahr-Becker (Hg.), Ostasiatische Kunst, München (Tandem) 2006

John K. Fairbank, Geschichte des modernen China 1800–1985, München (dtv) 1986

Chi Fulin, China – the New Stage of Reform, Peking (Foreign Languages press) 2004

Jacques Gernet, Die chinesische Welt, Frankfurt/M. (Suhrkamp) 1997

Sebastian Heilmann, Das politische System der Volksrepublik China, Wiesbaden (Verlag für Sozialwissenschaften) ^{2}2004

Carsten Herrmann-Pillath u. a., Länderbericht China – Politik, Wirtschaft und Gesellschaft im chinesischen Kulturraum, Schriftenreihe Bd. 351, Bundeszentrale für politische Bildung, Bonn ^{2}2000

Margret Macmillan, Nixon and Mao, New York (Random House) 2007

Uwe Makino, Nanking-Massaker 1937/38 – Japanische Kriegsverbrechen zwischen Leugnung und Überzeichnung, Norderstedt (Selbstverlag) 2007

Anche Min, Chinese Propaganda Posters, Köln (Taschen) 2003

Deng Rong, Deng Xiaoping and the Cultural Revolution, Peking (Foreign Languages Press) 2002

Eberhard Sandschneider, Globale Rivalen – Chinas unheimlicher Aufstieg und die Ohnmacht des Westens, München (C. Hanser) 2007

Helmut Schmidt im Gespräch mit Frank Sieren: Nachbar China, Berlin (Econ) 2006

Konrad Seitz, China – eine Weltmacht kehrt zurück, Berlin (Siedler) 2000

Hu Sheng, A Concise History of the Communist Party of China, Peking (Foreign Languages Press) 1994

Susan L. Shirk, China – Fragile Superpower, Oxford (University Press) 2007

Jonathan D. Spence, Chinas Weg in die Moderne, München (dtv) 1995/2001

Peter Thiele, Tibet, München (Cormoran) 1988

Bildquellenverzeichnis

absolut karriere – Das Karriere-Magazin für die Klassen 11, 12 + 13: S. 4 o.;
action press: S. 5 r./3. Abb. von o.;
akg-images / Archiv für Kunst und Geschichte: S. 8;
Altonaer Museum, Hamburg: S. 12;
AP Photo: S. 52;
Ollie Atkins Photograph Collection: S. 43/alle bis auf l.o., S. 44/4;
Avenue Images / Index Stock: S. 6 (Grayce Roessler), S. 27 (Jacob Halaska);
Bundesregierung / Guido Bergmann: S. 59;
China News Agency: S. 43 l.o.;
Prof. Hans Först: S. 60 l.;
Brigitte Hiss / berlin-photo.com: S. 5 o.l.;
Interfoto / Fritz Prenzel: S. 4 M.;
Keystone: S. 19 r.;
Mauritius images / Jose Fuste Raga: Umschlag vorne;
picture-alliance: S. 4 u. (dpa), S. 5 o.r. (dpa) und M.l. (dpa / Kevin Lee) und M.r. (OKAPIA / Hans Reinhard) und u./gr. Abb. (dpa), S. 10 (OKAPIA / Hans Reinhard), S. 14 l. (maxppp) und r. (dpa), S. 18 l.o. (united archives) und l.u. (dpa), S. 19 l. (dpa), S. 20 (dpa), S. 21 (dpa), S. 35 (dpa), S. 37/3 (dpa), S. 49 (dpa), S. 50 (dpa), S. 54 (dpa), S. 56 (dpa), S. 60 r. (dpa), S. 61 (OKAPIA / Hidekazu Nishibata), S. 65 (dpa), Umschlag hinten (dpa);
Süddeutscher Verlag / Bilderdienst: S. 13;
VISUM / Panos Pictures: S. 22;
Peter Widmann: S. 30;
Michael Wolf, Hongkong: S. 38, S. 39/2, S. 40/2, S. 41/2;
weitere: Verlagsarchiv Schöningh.

Sollte trotz aller Bemühungen um korrekte Urheberangaben ein Irrtum unterlaufen sein, bitten wir darum, sich mit dem Verlag in Verbindung zu setzen, damit wir eventuell notwendige Korrekturen vornehmen können.